Ecevit Polat

Der Islam im Diskurs des 21. Jahrhunderts

Ecevit Polat

Der Islam im Diskurs des 21. Jahrhunderts

Islamische Themen im Fokus der Moderne

Bloggingbooks

Impressum / Imprint
Bibliografische Information der Deutschen Nationalbibliothek: Die Deutsche Nationalbibliothek verzeichnet diese Publikation in der Deutschen Nationalbibliografie; detaillierte bibliografische Daten sind im Internet über http://dnb.d-nb.de abrufbar.

Bibliographic information published by the Deutsche Nationalbibliothek: The Deutsche Nationalbibliothek lists this publication in the Deutsche Nationalbibliografie; detailed bibliographic data are available in the Internet at http://dnb.d-nb.de.

Coverbild / Cover image: www.ingimage.com

Verlag / Publisher:
Bloggingbooks
ist ein Imprint der / is a trademark of
OmniScriptum GmbH & Co. KG
Bahnhofstraße 28, 66111 Saarbrücken, Deutschland / Germany
Email: info@omniscriptum.com

Herstellung: siehe letzte Seite /
Printed at: see last page
ISBN: 978-3-8417-7209-1

Inhaltsverzeichnis

Vorwort .... S. 3

Kapitel 1. Der Koran im Diskurs des 21. Jahrhunderts

1. Wie gelangt man zum richtigen Verständnis des Koran? .... S. 5
2. Wie authentisch ist der Koran? .... S. 10
3. Kann auch die Bibel zum Verständnis des Koran beitragen? .... S. 15
4. Hat der Koran die Gültigkeit der Bibel aufgehoben? .... S. 20
5. Enthält der Koran naturwissenschaftliche Aussagen? .... S. 24
6. Ist der Koran nur historisch zu verstehen? .... S. 27
7. Der Koran und die Gläubigkeit der Christen .... S. 32
8. Der Koran – ein literarisches Wunder? .... S. 36

Kapitel 2. Der Islam und die Frauen

1. Darf der Mann seine Frau nach Sure 4 Vers 34 schlagen? .... S. 39
2. Ist der Gesichtsschleier eine Pflicht für die muslimische Frau? .... S. 43
3. Ist die Geschlechtertrennung religiös begründet? .... S. 47
4. Verführte Eva Adam? .... S. 52
5. Wie alt war Aischa als sie den Propheten heiratete? .... S. 54
6. Wie wurden die Frauen aus den Moscheen verbannt? .... S. 57
7. Kann eine Frau aus islamischer Sicht Regierungschefin werden? .. S. 59
8. Kann das rituelle Gebet von Frauen geleitet werden? .... S. 61

Kapitel 3. Der Islam im Dialog zum Christentum

1. Muhammad (s) auch ein Prophet für Christen? .... S. 63
2. Ist ein Dialog der Religionen möglich? .... S. 67
3. Verbietet der Koran Freundschaften zu Andersgläubigen? .... S. 72
4. Ist Jesus Sohn Gottes oder ein Prophet? .... S. 77
5. Gibt es unter den Propheten Rangstufen? .... S. 82

Kapitel 4. Der Prophet Muhammad im Angesicht der Kritik

1. War Muhammad (s) ein Meuchelmörder? .... S. 87

2.Welchen Glauben hatte Muhammad (s) vor seiner Prophetenschaft? .... S. 90

3. Waren die Propheten sündenfrei? .... S. 94

4. Ist der Prophet Muhammad (s) eine Fiktion oder eine historische Persönlichkeit? .... S. 98

Kapitel 5. Die islamischen Grundsätze aus einem kritischen Blickwinkel

1.Ist die Sunna auch eine göttliche Offenbarung, die mit dem Koran gleichzustellen ist? .... S. 102

2. Ist im Islam die Zugehörigkeit zu einer bestimmten Rechtsschule notwendig? .... S. 108

3.Gibt es einen Unterschied zwischen den beiden Begriffen „Gesandter“ und „Prophet“? .... S. 113

Kapitel 6. Der Islam im Widerspruch zum Abendland?

1. Wie vertragen sich Islam und Laizismus? .... S. 119

2. Wird der Abfall vom Islam mit dem Tode bestraft? .... S. 123

3. Ist Deutschland ein dar al-harb (Haus des Krieges)? .... S. 127

4. Feindbild Islam? .... S. 131

Vorwort

Der vierte Khalif des Islam Ali ibn Abu Talib sagte einmal von seiner Kanzel aus den folgenden Satz: *„Der Koran manifestiert sich im mushaf [der schriftlichen Sammlung der Offenbarungen]. Er spricht nicht von selbst: Es sind die Menschen, die ihm Ausdruck verleihen.“*[1]

Tatsächlich füllt inzwischen die westliche Literatur über den Islam ganze Bibliotheken. Bezugnehmend auf die zitierte Predigt oben, wird es nicht zu vermeiden sein, den Islam in seiner interpretatorischen Bandbreite einhellig zu präsentieren. Deshalb ist ein wichtiges Anliegen dieses Buches, verschiedene Deutungsmöglichkeiten dem Leser weitestgehend vorzuführen. Daraus wird dem Leser auch ersichtlich, welches gegensätzliches Islam-Verständnis unter den Muslimen geläufig ist. Im Jahre 2006 legte das Institut für Demoskopie in Allensbach eine Studie vor, demzufolge 98 Prozent der Deutschen mit dem Islam Gewalt und Terror, 96 Prozent Rückständigkeit und 94 Prozent die Unterdrückung von Frauen assoziierten. Trägt der Islam tatsächlich die Schuld für diese Anschuldigungen? Was sagen seine Primärquellen dazu? Diese und weitere Fragen werden im vorliegenden Buch auf seine deskriptive Art und Weise näher erörtert.

Besonders möchte ich mich bei dieser Gelegenheit bei Melih Kesmen bedanken, der mir zu der Idee verhalf, meine Forschungen zu verschriftlichen. Ohne seine aufrichtige Unterstützung wäre das vorliegende Werk nicht zustande gekommen. Auch möchte ich mich bei Ilker Erdinc Yavuz für seine aufwändige technische Unterstützung herzlich bedanken. Abschließend möchte ich den ehemaligen britischen Botschafter und Muslim Charles Le Gai Eaton zitieren, der die außergewöhnliche Stellung der Religionen wie folgt beschrieb: *„Verschieden geformt und doch dem gleichen Zweck dienend, sind die Religionen wie Schiffe, die gebaut wurden, um große Menschenmengen über die stürmischen Meere des Daseins zu tragen, in denen sie sonst ertrinken würden.“*[2]

---

1 Überliefert nach Imam Ali, Nahdsch al-balagha, Predigt- Nr. 123, Beyan Yayinlari.
2 Der Islam und die Bestimmung des Menschen, S. 83, 2. Auflage 1994.

Kapitel 1. Der Koran im Diskurs der 21. Jahrhunderts

1. Wie gelangt man zum richtigen Verständnis des Koran?

Es gibt derzeit eine große Auswahl an Veröffentlichungen zu dem Thema „**richtige Methode, um den Koran zu verstehen**", die besonders im Detail erläutern, wie über eine authentische Herangehensweise zum Verständnis des Korans gelangt werden kann.[3] Hierbei werden von unterschiedlichen Autoren diverse Prinzipien aufgegliedert, ohne dessen Beachtung kein fundiertes Koranbild entstehen kann. Für den Vorsitzenden der Sülemaniye Stiftung Prof. Abdulaziz Bayindir, ist ohne Zweifel der Koran selbst sein bester Kommentator. Als Beleg wird die Sure Hud angeführt, indem es Gott allein zusteht, Seine Schrift zu erläutern: *„(Dies ist) ein Buch, dessen Verse vervollkommnet* ***und dann im Einzelnen erklärt worden sind*** *– von einem Allweisen, Allkundigen"* (Koran 11:1). Im Koran sei ein System enthalten, wonach es eine innige Beziehung zu den verschiedenen Koranversen aufzuweisen ist. Dies soll unter anderem aus den folgenden Vers hervorgehen: *„Gott hat die schönste Verkündigung herabgesandt,* ***ein Buch mit gleichartigen Worten und wiederholten Wendungen****"* (Koran 39:23). Nach Prof. Bayindir gibt es jedoch **drei grundlegende Vorraussetzungen** für eine richtige Interpretation des Korantextes. Die ersten zwei Bedingungen werden in der Sure Fussilat unmissverständlich aufgeführt: ***„ein Buch, dessen Verse klargestellt sind, ein arabischer Koran für Menschen (kavmiy), die sich um Wissen bemühen"*** (Koran 41:3). Hiernach ist es **zum einen** die vornehmliche Pflicht der menschlichen Gemeinde (türk. Kavim), sowohl der Frauen als auch der Männer, die innere Beziehungen einzelner Koranverse ausfindig zu machen. Eine authentische Interpretation kann nur durch die gemeinsame Anstrengung der Gemeinschaft erfolgen und ist somit keine Aufgabe der einzelnen Individuen. Die **zweite Bedingung** ist, wie im obigen Vers zitiert, die arabische Sprache gut zu kennen. Bayindir weist auch im Zusammenhang zu folgendem Koranvers nachdrücklich darauf hin, dass es sich hierbei um keine gewöhnlichen Experten handeln darf, die dieser Aufgabe nachkommen können: *„Diejenigen aber, die ein* ***tief begründetes Wissen (er-rasihune fi'l-ilm)*** *haben"* (Koran 3:7). Deshalb wird als **dritte**

3 Temel Kaynagimiz Kuran, Fevzi Zülaloglu, S. 416-464.

Bedingung ein **fundiertes Wissen** über den Koran vorausgesetzt.[4] Prof. Yasar Nuri Öztürk vertritt eine ähnliche Sichtweise wie Bayindir. Um den Koran in seiner Bandbreite richtig zu verstehen, ist es nach Öztürk unerlässlich, die gesamten Zusammenhänge in Betracht zu ziehen. Nur so kann die Intention des Korans im Rahmen des Möglichen richtig verstanden werden. Der Koran enthalte maßgebliche Prinzipien, wenn es um die Interpretation der Schrift gehe: „*Der Koran ist in der Menschheitsgeschichte vielleicht das einzige Buch, das gewisse* ***Prinzipien aufstellt, wie er zu kommentieren und zu interpretieren ist. Wir können nicht einen Abschnitt des Korans verstehen, wenn wir nicht den gesamten Koran verstehen, wir können nicht einen Vers begreifen, wenn wir die anderen Verse vernachlässigen****. Der Koran ist, genauso wie das Buch der Schöpfung, eine Einheit, in der das eine mit allem und alles mit dem einen in Verbindung steht.*“[5] Der Theologe Prof. Sadreddin Gümüs bemerkt in seinem Werk „die Grundlagen des Koranischen Tafsir“ an, dass besonders im folgenden Koranvers Gott unverblümt versichert hat, die Erläuterung der heiligen Schrift Ihm allein vorbehalten sei: „***Dann obliegt Uns (Gott), seine Bedeutung darzulegen***“ (Koran 75:19). Gümüs schreibt: „***Wenn ein Koranvers einen anderen Vers erläutert hat, so ist dies für uns zweifellos die richtige und sicherste Auslegung.***“[6] In Anlehnung an den Gelehrten **As-Suyuti (gest. 1505**), fasst der deutsche Muslim Ahmad von Denffer die Kerngedanken prägnant wie folgt zusammen: „*Die Interpretation des Koran durch den Koran ist die höchste Quelle des tafsir.* ***Viele Fragen, die sich aus einem bestimmten Koranabschnitt ergeben, erfahren ihre Erklärung in anderen Teilen desselben Buchs und oft besteht keine Notwendigkeit, sich anderen Quellen als dem Wort Allahs zuzuwenden, dass in sich selbst tafsir (Erläuterung) enthält****. Erläuterung einer aja (Vers) des Korans durch Rückgriff auf eine andere aja (Vers) aus dem Koran zu suchen, ist die erste und vornehmste Pflicht des mufassir (Koranausleger). Nur wenn das nicht ausreicht, wird er andere Quellen des tafsir heranziehen.*“[7] Wie im Grunde genommen ein Koranvers den anderen explizit auslegt, kann aufgrund einiger Beispiele aus dem Koran näher erläutert werden. Muslime rezitieren mindestens 17 Mal am Tag die Sure Al-Fatiha in ihren Pflichtgebeten mit dem Satz: „*Führe uns den* ***geraden Weg***“

4 Abdulaziz Bayindir, Dogru Bildigimiz Yanlislar, S. 314-316.
5 400 Fragen zum Islam 400 Antworten, S. 88, Yasar Nuri Öztürk.
6 Kuran Tefsirinin Kaynaklari, S. 31, Sadreddin Gümüs.
7 Ulum al-Qur´an, S. 148, Ahmad von Denffer.

(Sure 1 Vers 6). Was jedoch genau dieser gerade Weg ist, wird in der Sure Al-Fatiha nicht näher erläutert. Die Sure Al-An´am erläutert den Begriff „**geraden Weg**“ umgehend mit drei aufeinander folgenden Koranversen: *„Sprich: Kommt her, ich will verlesen, was euer Herr euch verboten hat: Ihr sollt Ihm nichts zur Seite stellen und den Eltern Güte erweisen; und ihr sollt eure Kinder nicht aus Armut töten, Wir sorgen ja für euch und für sie. Ihr sollt euch nicht den Schändlichkeiten nähern, seien sie offenkundig oder verborgen; und ihr sollt niemanden töten, dessen Leben Gott unverletzlich gemacht hat, außer wenn dies gemäß dem Recht geschieht. Das ist es, was Er euch geboten hat, auf das ihr es begreifen möget. Und kommt dem Besitz der Waise nicht nahe, es sei denn zu ihrem Besten, bis sie ihre Volljährigkeit erreicht hat. Und gebt volles Maß und Gewicht in Billigkeit. Wir fordern von keiner Seele etwas über das hinaus, was sie zu leisten vermag. Und wenn ihr eine Aussage macht, so übt Gerechtigkeit, auch wenn es einen nahen Verwandten (betrifft); und haltet den Bund Gottes ein. Das ist es, was Er euch gebietet, auf das ihr ermahnt sein möget. Und dies ist* ***Mein gerader Weg****. So folgt ihm; und folgt nicht den (verschiedenen)* ***Wegen,*** *damit sie euch nicht weitab von* ***Seinem Weg führen****. Das ist es, was Er euch gebietet, auf das ihr gottesfürchtig sein möget“* (Koran 6:151-153).[8] Es wird im Koran berichtet, dass die erste Offenbarung in der gesegneten Nacht herabgesandt wurde: „*Wahrlich, Wir haben es in einer* ***gesegneten Nacht herabgesandt“*** (Koran 44:3). Was ist jedoch die gesegnete Nacht, in welchem der Koran herabgesandt wurde? Die Antwort ist: „*Wahrlich, Wir haben ihn (den Qur´an) herabgesandt in der* ***Nacht von Al-Qadr***“ (Koran 97:1). Als ein weiteres Beispiel könnte die Sure al-Fadschr angeführt werden. Hiernach wurden einige Völker von Gott aufgrund des frevelhaften Verhaltens komplett ausgelöscht. Hier heißt es: „*Hast du nicht gesehen, wie dein Herr mit den Ad verfuhr, mit (der Stadt) Iram, der Säulenreichen, dergleichen nicht erschaffen wurde in (anderen) Ländern? Und den Thamud, die die Felsen im Tal aushöhlten? Und Pharao mit seinen bodenfesten Bauten? Denjenigen, die im Lande gewalttätig waren und dort viel Verderbnis stifteten?* ***Darum ließ dein Herr die Geißel der Strafe auf sie schütten***“ *(Koran 89:6-13).* **Nach dem äußeren Wortlaut könnte wohl davon ausgegangen werden, dass Gott sowohl die Ungläubigen als auch die darunter befindlichen Gläubigen Menschen allesamt ausgelöscht habe**. Es wird zudem nicht ausführlich darüber berichtet, mit welchen Naturkatastrophen sie letztendlich vernichtet

8 Islam ist Barmherzigkeit, S. 86-87, Mouhanad Khorchide.

wurden. Die Sure Fussilat geht auf den geschichtlichen Kontext ausführlicher ein: *„Als ihre Gesandten zu ihnen kamen von vorn und von hinten (und sagten): "Dient keinem außer Gott." Da sagten Sie: "Hätte unser Herr es gewollt, hätte Er zweifellos Engel herabgesandt. So lehnen wir das ab, womit ihr gesandt worden seid." Was nun die* ***Ad*** *anbelangt, so betrugen sie sich ohne Recht hochmütig auf Erden und sagten: "Wer hat mehr Macht als wir?" Konnten sie denn nicht sehen, dass Gott, Der sie erschuf, mächtiger ist als sie? Jedoch sie fuhren fort, Unsere Zeichen zu leugnen.* ***Darum sandten Wir gegen sie einen eiskalten Wind mehrere unheilvolle Tage hindurch, auf das Wir sie die Strafe der Schmach in diesem Leben kosten ließen****. Und die Strafe des Jenseits wird gewiss noch schmählicher sein, und es wird ihnen nicht geholfen werden. Und was die* ***Thamud*** *anbelangt, so wiesen Wir ihnen den Weg, sie aber zogen die Blindheit dem rechten Weg vor;* ***darum erfasste sie die blitzschlagartige Strafe der Erniedrigung*** *um dessentwillen, was sie begangen hatten.* ***Und Wir erretteten jene, die glaubten und gottesfürchtig waren***" (Koran 41-14-18). Der letzte Vers unterstreicht in aller Deutlichkeit, dass die Gläubigen von diesen Strafen ausgenommen waren, **wobei in der vorausgehenden Sure al-Fadschr (89:13) keine Ausnahme zur Unterscheidung näher definiert wurde.** Für den türkischen Koranforscher Prof. Mustafa Öztürk, ist die Methode um die Auslegung des Korans durch den Koran selbst, mit etwaigen Schwierigkeiten zu versehen. Denn welcher Koranvers den anderen Vers auslegt, bleibt letztendlich ein subjektives Vorgehen. Deshalb gibt es vor allem bei dieser Herangehensweise keinen Konsens innerhalb der Exegeten. Öztürk bemerkt indes, dass der Gründervater dieser Methodologie zweifelsohne **Ibn Taymiya (gest. 1328)** ist.[9] Auf die ihm gestellte Frage, welche die beste Methode sei (ehsanu turuki´t-tafsir) antwortete Ibn Taymiya mit dem folgenden Satz: ***„den Koran mit dem Koran erläutern.***"[10] Weitere Gelehrte wie **Ibn Kesir (gest. 1373)**, **Zerkesi (gest. 1393)** und **Suyuti (gest. 1505)**, führten diese Methode weiterhin aus, die schließlich bis heute noch als eine attraktive Methode von diversen Koranexegeten weiterentwickelt wird.[11] Zu Anfang des 21. Jahrhunderts erschien die 21 bändige Koranexegese von Prof. Bayraktar Bayrakli. Die hauptsächliche Intention des Autors ist es, den Koran über den Koran sprechen zu lassen. Deshalb sei nach Prof. Bayrakli die vornehmliche Pflicht eines jeden Exegeten, diese primären Prinzipien nicht aus dem Auge

9 Kuran, Tefsir ve Usul, S. 10-20, Mustafa Öztürk.
10 Takiyyuddin ibn Teymiyye, Mukaddimetu´t-Tefsir, Riyad 1398, Bd. 13, S. 363.
11 Kuran, Tefsir ve Usul, S. 10-20, Mustafa Öztürk.

zu verlieren. Denn dies wäre der sicherste Weg, die grundlegende Botschaft Gottes in seiner Bandbreite zu erfassen.[12]

12 Yeni bir anlayisin isiginda Kuran Tefsiri, Bd. 1, S. 58-59, Bayraktar Bayrakli.

2. Wie authentisch ist der Koran?

Seit geraumer Zeit wird der Versuch unternommen, um nachweisen zu können, dass die Heilige Schrift des Islam, der Koran, in seinen Grundzügen und seiner Endgestaltung nicht bis auf die Zeit des Propheten Muhammad (s) zurückzuführen sei. Der katholische Theologe Prof. Karl-Heinz Ohlig bemüht sich seit Jahrzehnten durch sämtliche Veröffentlichungen, diese Annahme akademisch zu unterstreichen. Der Koran sei nach Ohlig das Endergebnis einer Gemeindebildung, die nahezu in 200 Jahren nach dem Ableben des Propheten schriftlich fixiert wurde. Ohlig schreibt dazu: *„Der Koran sei nur ein Ausschnitt aus einer breiteren Sunna und ein* ***Ergebnis einer rund 200jährigen Kanongeschichte****. Er enthalte also Prophetenlogien und Gemeindebildungen.* ***Die These, dass der gesamte Koran in allen seinen Texten historisch auf Mohammed zurückgehe, ist nicht mehr aufrechtzuerhalten.****“*[13] Es ist nicht zu übersehen, dass Ohlig seine Untersuchungen weitgehend an die These von John Wansbrough in „Quranic Studies“ (London 1977) anknüpft. Ein anderer Aspekt für die nicht lückenlose Bewahrung des Korantextes, sei vor allem das Vorhandensein von abweichenden Mushaf (schriftliche Aufzeichnung des Korantextes) der Prophetengefährten. Tatsächlich wird in den islamischen Quellen z. B. bei **Ibn Ebu Dawud (gest. 928)** in **„Kitabu´l-Mesahif“** überliefert, dass der spätere **Kalif Omar (gest. 644), Ibn Masud (gest. 653) und Ubayy b. Ka´b (gest. 649) die Sure 112 am Anfang nicht wie üblich mit „qul“ sprich gelesen haben. Außerdem habe Ibn Masud in der gleichen Sure nicht das Wort „ahad“ sondern den Begriff „wahid“ in seinem Koranexemplar aufgezeichnet.**[14] Vom Koranexegeten **Qurtubi (gest.1273)** wird zudem berichtet, **dass auch Ali ibn Abi Talib (gest. 661) insbesondere die Sure 103 (Asr) nach einem anderen Wortwahl gelesen habe, der nicht ganz dem heutigen Korantext entspricht.**[15] Wie ist es Angesicht dessen zu verstehen, wo doch die Muslime in der Gegenwart davon ausgehen, dass der Koran immer ein und derselbe Text seit Anbeginn seiner ersten Verkündigung sei? Gab es seit Beginn der Offenbarung des Korans, gegensätzlich abweichende Textvarianten? Für den türkischen Koranforscher Prof. Ismail

13 Weltreligion Islam, S. 59.
14 Ibn Ebu Dawud, Kitabu´l-Mesahif, Ägypten, 1936, S. 113, 222.
15 El Camiu li Ahkami´L-Kuran, Bd. 19, S. 330. Siehe aber auch Rudi Paret, Der Koran, Kommentar und Konkordanz, S. 521, zweite Auflage 1981.

Cerrahoglu, besteht indes kein Zweifel, dass besonders westliche Orientalisten unermüdlich darauf hinarbeiten, die Authentizität des heutigen Korantextes zu widersprechen. Deshalb wundert es Cerrahoglu auch nicht, dass ausgerechnet der Orientalist Prof. Arthur Jeffery das kritische Werk über die Entstehungszeit des Koran „**Kitabu'l-Mesahif**" von **Ibn Ebu Dawud (gest. 928)** bei jeder Gelegenheit zitiert, um Zweifel an die gängigen autorisierten Koranausgaben zu schüren.[16] Im Hadith-Korpus ***„al-Dschāmi as-sahīh***" von **al-Buchari (gest. 870)** wird detailliert darüber berichtet, dass vor allem **Umar ibn al-Chattab (gest. 644)** den ersten Kalifen **Abu Bakr (gest. 634)** darauf drängte, den Koran der bis dato nur auf Palmblättern und flachen Steinen aufgeschrieben war, in eine Buchform zusammenzustellen. Der Grund für die Zusammenstellung eines Mushafs in eine Buchform war, dass in der Schlacht von al-Jamama (im Jahr 632) bedeutende Koranleser „Huffaz" (Muslime die den Koran auswendig rezitieren konnten) starben. **Zaid ibn Tabit (gest. 665)** der mit einer Kommission damit beauftragt wurde, die Verantwortung für diese Angelegenheit zu übernehmen, beschreibt den Umstand wie folgt zusammen: *„Abu Bakr sandte zur Zeit der Schlacht von al-Jamama, als Umar ibn al-Chattab bei ihm war, nach mir (Zaid ibn Tabit). Abu Bakr sagte: „Umar kam zu mir und sagte: In der Schlacht von al-Jamama raffte der Tod viele Koranleser dahin.* ***Ich fürchte, der Tod möchte viele Koranleser in den Provinzen ereilen, und damit könnte ein Großteil des Korans verloren gehen. Ich glaube, du solltest anordnen, den Koran zu sammeln."*** *Was? Fragte ich Umar, willst du etwas tun, was selbst der Gesandte Gottes nicht tat? Bei Gott, erwiderte Umar, es wäre eine gute Tat. Umar ließ nicht ab, mich zu drängen, bis Gott mein Herz diesem Vorschlag gegenüber öffnete und ich dachte wie Umar. Zaid fuhr fort: Abu Bakr sagte zu mir: Du bist ein verständiger junger Mann, und wir sehen keinen Fehler an dir; auch hast du schon für den Gesandten Gottes die Offenbarung niedergeschrieben.* ***Geh also dem Koran nach und stelle ihn zusammen!*** *Bei Gott, hätte man mir befohlen, einen Berg zu bewegen, es wäre mich nicht härter angekommen als sein Auftrag, den Koran zu sammeln. Was? fragte ich (Zaid ibn Tabit), willst du etwas tun, was selbst der Gesandte Gottes nicht tat? Bei Gott, erwiderte Abu Bakr, es wäre eine gute Tat. Und er ließ nicht ab, mich zu drängen, bis Gott mein Herz diesem Vorschlag gegenüber öffnete, wie er dass Abu Bakrs und Umars geöffnet hatte.* ***Darauf ging ich dem Koran nach und stellte ihn zusammen aus Texten, die auf Palmblättern,***

16 Tefsir Usulü, S. 64, Ismail Cerrahoglu, Türkiye Diyanet Vakfi Yayinlar, 20. Auflage, Ankara 2011.

auf flachen Steinen oder in den Herzen der Männer (aufgeschrieben waren). *Sogar das Ende der Sure* der Buße fand ich, die ich nirgends sonst finden konnte, und zwar bei Abu l-Huzaima al-Ansari. Es handelte sich um die Verse von: *„Nun ist ein Gesandter aus euren eigenen Reihen zu euch gekommen- einer, dem es nahe geht, wenn ihr in Bedrängnis kommt (...)“* (Koran 9:128). Die Blätter blieben bei Abu Bakr bis zu seinem Tod, dann bei Umar, bis dieser starb, dann bei Umars Tochter Hafsa.“[17] Aus dieser Überlieferung geht eindeutig hervor, dass unmittelbar nach dem Ableben des Propheten, der Koran in ein Mushaf (schriftliche Aufzeichnungen) fixiert wurde. Zudem bezeugt der Koran selbst, dass es zu Lebzeiten des Propheten schriftlich aufgezeichnet wurde, wie dies in den folgenden Versen berichtet wird: *„Und sie sagen: (Es sind) die Schriften der früheren (Generationen),* ***die er sich aufgeschrieben hat****.* ***Sie werden ihm morgens und abends diktiert.*** *Sag: (Nein!) Der hat ihn herab gesandt, der (alles) weiß, was im Himmel und auf Erden geheim gehalten wird. Er ist barmherzig und bereit zu vergeben*“ (Koran 25:5). *„Beim Berg, (bei)* ***einer Schrift, niedergeschrieben auf Pergament und entfaltet***“ (Koran 52:1-3). In einer weiteren Überlieferung von **al-Buchari (gest. 870)** wird wiederum tradiert, dass es vor allem der 3. Kalif Uthman (gest. 656) gewesen war, der mehrere Abschriften vom Koran anfertigen ließ und diese an die neuen hinzugewonnen islamischen Zentren jeweils ein Exemplar versandt. Als Grund für die Verbreitung der Kopien ist der Bericht von **Anas ibn Malik (gest. 709)** aufschlussreich: *„Hudaifa ibn al-Jaman kam zu Uthman, als dieser das syrische ebenso wie das irakische Heer für die Eroberung von Armenien und Adarbaigan rüstete. Hudaifa war von den* ***unterschiedlichen Lesarten (des Koran) entsetzt*** *und sagte zu Uthman: „Herrscher der Gläubigen, halte diese Gemeinde fest, bevor sie über ihr Buch genauso unterschiedlicher Meinung ist wie die Juden und die Christen über das ihrige“. Da sandte Uthman nach Hafsa (Tochter von Umar) und ließ ihr sagen:* ***Schicke uns die Blätter. Wir wollen sie in Codices abschreiben und werden sie dir dann zurücksenden****“. Hafsa schickte sie Uthman, der Zaid ibn Tabit, Abdallah ibn az-Zubair, Said ibn al-As und Abd ar-Rahman ibn al-Harit ibn Hisam mit der Abschrift in Codices beauftraget. Uthman sagte zu den dreien, die alle vom Stamme Qurais (Stamm des Propheten): „****Wenn ihr euch bei irgendetwas im Koran von Zaid ibn Tabit unterscheidet, schreibt es entsprechend der Sprache der Qurais nieder, denn in ihrer***

17 Sahihul Buchari, Bd. 6, S. 225. Siehe aber auch: „Die Geschichte des Koran“ (türk. Kuran-i Kerim Tarihi) Muhammed Hamidullah, S. 45-46, Beyan yayinlari.

<u>Sprache wurde der Koran geoffenbart</u>*". *Sie taten es, und nachdem die Blätter in Codices abgeschrieben worden waren, schickte Uthman sie an Hafsa zurück.* ***Er sandte Kopien des von ihnen hergestellten Codexes überall hin und befahl, jedes anders lautende Blatt oder jeden anders lautenden Codex zu verbrennen."[18] Wie viele Kopien Uthman denn tatsächlich anfertigen und in die neuen Gebiete versandte, wird in den historischen Quellen mit unterschiedlichen Zahlen angegeben. Der bereits oben zitierte **Ibn Ebu Dawud (gest. 928)** gibt in seinem Werk **„Kitabu'l-Mesahif"**, die Zahl zwischen vier und sieben an.[19] Die angefertigten Abschriften wurden durch die Gefährten des Propheten sowie der nachfolgenden Generation mit einer deutlich überwiegenden Zustimmung und Konsens beglaubigt. Es gab nur vereinzelten Widerstand, da diese von nun an daran angehalten wurden, den Koran nicht mehr in ihrem Dialekt, sondern nur noch ausschließlich im verkündeten Dialekt des Stammes Qurais zu rezitieren.[20] Laut dem Bagdader Gelehrten **ibn Mucahid (gest. 936), gab es in der Frühzeit sieben verschiedene Lesarten gleichberechtigt nebeneinander.**[21] Doch anderen Quellen zufolge waren sogar **über zwanzig verschiedene Lesarten im Umlauf gewesen.**[22] Der Prophet duldete anfangs abweichende Lesarten in den unterschiedlichen Dialekten, da diese als hilfreich für die Koranrezitation der neuen Muslime galten und das Rezitieren erleichterten. In der Amtszeit von Uthman gingen die Lesarten jedoch soweit, dass selbst seine ursprünglichen Bedeutungen an etwaigen Stellen maßgeblich entstellt wurden. Das war der hauptsächliche Anlass dazu, weshalb der Kalif Uthman nur noch eine Lesart, und zwar die Lesart der Qurais für bindend erklärt hatte. Auch heute kann man die verschiedenen Lesarten in den klassischen Werken problemlos nachlesen. Kritische Islamforscher wie John Burton, mussten unweigerlich nach der Anwendung von textkritischen Methoden die folgende Zeile eingestehen:

"***Was wir heute in unseren Händen halten, ist der mushaf (Buch) des Muhammed.***"[23]

"***Vollkommen ist das Wort deines Herrn in Wahrhaftigkeit und Gerechtigkeit. Es gibt niemandem, der Seine Worte abändern könnte***"

---

18 Al-Buhari, Sahih Bd. 3, S. 392-393.
19 Kitabu'l-Mesahif, S. 34. Vgl. auch Kuran-i Kerim Tarih, S. 50, Muhammed Hamidullah.
20 Kurana Giris, S. 56-57, Mehmet Pacaci.
21 Nicolai Sinai, Die heilige Schrift des Islam, S. 21.
22 Mustafa Öztürk, Tefsir Tarihi, S. 29-49.
23 The Collection of the Quran, S. 239, Cambridge 1977.

(Koran 6:115).

Mukatil ibn Suleyman (gest. 767) erläutert den folgenden Koranvers 15:9 abschließend dahingehend, dass der Koran von allerlei Mängeln bewahrt geblieben ist: ***"Wahrlich, Wir sandten die Ermahnung herab, und Wir wollen fürwahr ihr Bewahrer sein."***[24]

24 Tefsir-i Kebir, Bd. 2, S. 361, isaret yayinlari.

3. Kann auch die Bibel zum Verständnis des Koran beitragen?

Unter den muslimischen Gelehrten ist bis heute umstritten, ob die Bibel zum Verständnis des Korans maßgeblich beitragen kann. Unter dem Sammelbegriff **„Israliyat“**, werden hauptsächlich Berichte und Überlieferungen betrachtet, die durch die vorkoranische Offenbarung und Erzählungen Eingang in die islamische Literatur gefunden haben.[25]

Für den Theologen Fevzi Zülaloglu steht außer Frage, ob das vorkoranische Material für die Erläuterung des Korans herangezogen werden kann. In seinem Werk „Koran, unsere grundlegende Quelle“ schreibt er dazu: ***„Durch dieses „Israliyat“ sind viele falsche Informationen und Aberglauben (hurafa) an die Muslime herangetragen worden.“***[26]

Zülaloglu warnt die Muslime eindringlich davor, den biblischen Stoff für die Koranexegese zu verwerten. Ein anderer Zeitgenosse von der theologischen Fakultät in Ankara Prof. Baki Adam, widerspricht vehement all jenen, die nicht für die Erläuterung des Korans die Bibel in Betracht ziehen wollen. Auch kritisiert Prof. Adam die muslimischen Koranexegeten vor allem deshalb, weil sie unverblümt mit einer Art Doppelmoral im Verhältnis zur Bibel stehen. Als Beispiel führt er den türkischen Gelehrten Muhammed Hamdi Yazir (gest. 1942) vor. In seinem Tafsir Werk „Hak Dini Kur´an Dili“ schreibt er sinngemäß zu Sure 5 Vers 48-49 den folgenden Satz: *„Deshalb betont der Koran, nicht von den Leuten aus der Vergangenheit, die aus der* ***Thora und dem Evangelium überlieferten Parabeln und Gesetze Glauben zu schenken, sondern nach dem Verständnis des Koran und den Erklärungen des Propheten zu trachten.***“[27] Erstaunlicherweise zieht der Koranexeget Hamdi Yazir in **derselben Sure ausschließlich biblisches Schriftmaterial hinzu, wenn es um die geschichtlichen Hintergründe diverser Themen im Koran geht**. Im Koranvers 5:12 heißt es: *„Wahrlich, Gott hatte* ***einen Bund mit den Kindern Israels geschlossen; und Wir erweckten aus ihnen zwölf Führer****. Und Gott sprach: Seht, Ich bin mit euch, wenn ihr das Gebet verrichtet und die Zakah entrichtet und an Meine Gesandten glaubt und sie unterstützt und Allah ein gutes Darlehen gebt, dann werde Ich eure Missetaten tilgen und euch in Gärten führen, in denen Bäche fließen. Wer von euch aber hierauf in den Unglauben zurückfällt, der ist vom rechten Weg*

25 Islam nasil yozlastirildi, S. 25-26, 18. Auflage Yasar Nuri Öztürk.
26 Temel Kaynagimiz Kur´an, S. 39, 4. Auflage.
27 Hak Dini Kur´an Dili, Bd. 3, S. 193, Auflage 1990.

abgeirrt.“ Hamdi Yazir behandelt in seinem Korankommentar ausführlich die Geschichte zu 5:12 über die Kinder Israels. Selbst die Namen einiger der zwölf Personen wie: „Kaleb ibni Yufenna, Efraim ibni Yusuf und Yusa ibni Nun“ werden namentlich von ihm sogar beschrieben.[28] Dr. Baki Adam schlussfolgert deshalb: *„Meine Überzeugung ist,* ***dass einige Koranverse im Lichte der vorangegangenen Bücher besser zum Verständnis beitragen können. Besonders das Alte Testament wäre von grundlegender Bedeutung.***“[29] In seiner Dissertation würdigt Prof. Abdullah Takim den Korangelehrten Prof. Süleyman Ates für seinen Beitrag zum richtigen Verständnis der heiligen Schrift. Dieser hatte Anfang der neunziger Jahre des vorigen Jahrhunderts einen 12 bändigen Korankommentar unter dem Titel „**Die zeitgenössische Interpretation des Erhabenen Korans**“ herausgegeben. Ein wesentlicher Punkt, den sein Kommentar von anderen Werken auszeichnet, wird von Takim wie folgt beschrieben: *„Süleyman Ates´s Erklärungsmethode besteht primär darin, den Koran durch den Koran, durch die Hadite oder* ***durch die Bibel*** *zu deuten, das heißt, dass die koranischen Verse durch authentische Hadite oder durch andere thematisch ähnliche Verse des Korans oder* ***der Bibel gedeutet werden.***“[30] In Sure 2 Vers 259 wird von einer unbekannten Person berichtet, den Gott sterben ließ und nach hundert Jahren wieder lebendig machte, um so Seine Macht ihm zu demonstrieren. So heißt es im Vers: *"Oder (hast du auch nicht über) den (nachgedacht), der an einer* ***Stadt vorüberkam****, die wüst in Trümmern lag? Da sagte er: "Oh, wie soll Gott dieser nach ihrer Zerstörung wieder Leben geben?"* ***Und Gott ließ ihn für hundert Jahre tot sein. Dann erweckte Er ihn wieder****. Er sprach: "Wie lange hast du verharrt?" Er sagte: "Ich verharrte einen Tag oder den Teil eines Tages." Da sprach Er: "****Nein du verharrtest einhundert Jahre****. Nun betrachte deine Speise und deinen Trank. Sie sind nicht verdorben. Und betrachte deinen Esel. Wir machen dich damit zu einem Zeichen für die Menschen. Und betrachte die Knochen, wie Wir sie zusammensetzen und dann mit Fleisch bekleiden." Und als ihm dies klargemacht worden war, sagte er: "Ich weiß, dass Gott Macht hat über alle Dinge*“ (Koran 2:259). Um diesen Vers in seinen geschichtlichen Kontext richtig einordnen zu können, ist es unabdingbar, die Bibel als Erläuterung hinzuzuziehen, um sich ein klares Gesamtbild machen zu können. Denn im Koran wird nicht erläutert, um wen es in dem Vers hauptsächlich geht. Vor

28 Hak Dini Kur´an Dili, Bd. 3, S. 118, Auflage 1990.
29 Baki Adam, Islami Arastirmalar, Bd. 9, S. 167, Sonderausgabe 1-4, 1996.
30 Islamische Tradition und neue Ansätze, S. 27.

allem aber auch, weshalb Gott diese angesprochene Person hundert Jahre tot ließ und dann wieder erweckte? Prof. Mustafa Öztürk erläutert den obigen Vers in seiner Koranübersetzung dahingehend, dass es sich bei der Person nicht wie von vielen muslimischen Koranexegeten angenommen um Uzair handelt, sondern mit größter Wahrscheinlichkeit um den **biblischen Propheten Hesekiel**. Tatsächlich ergibt sich erst nach der Lektüre in der Bibel im Kapitel „Hesekiel" ein Gesamtbild zum Hintergrund zum Koranvers 2:259. Hiernach wird die Auferstehung von Hesekiel nach hundert Jahren als Symbol für die Befreiung und die erneute Wiedergeburt der Kinder Israels aus Babylon von Mustafa Öztürk gedeutet, weshalb er auch in seiner Fußnote die biblische Quelle angibt: „Hesekiel 37/1-14". So wird in Hesekiel 37/1-14 unter der Überschrift „**Israel, das Totenfeld, wird durch Gottes Odem lebendig**" die folgende Geschichte erzählt: „*Und des HERRN Wort kam über mich, und er führte mich hinaus im Geist des HERRN und stellte* ***mich auf ein weites Feld, das voller Totengebeine lag****. Und er führte mich allenthalben dadurch. Und siehe, des Gebeins lag sehr viel auf dem Feld; und siehe, sie waren sehr verdorrt. Und er sprach zu mir:* ***Du Menschenkind, meinst du auch, dass diese Gebeine wieder lebendig werden****? Und ich sprach: Herr, HERR, das weißt du wohl. Und er sprach zu mir: Weissage von diesen Gebeinen und sprich zu ihnen: Ihr verdorrten Gebeine, höret des HERRN Wort! So spricht der Herr, HERR von diesen Gebeinen: Siehe, ich will einen Odem in euch bringen, dass ihr sollt lebendig werden. Ich will euch Adern geben und Fleisch lassen über euch wachsen und euch mit Haut überziehen und will euch Odem geben, dass ihr wieder lebendig werdet, und ihr sollt erfahren, dass ich der HERR bin. Und ich weissagte, wie mir befohlen war; und siehe, da rauschte es, als ich weissagte,* ***und siehe, es regte sich, und die Gebeine kamen wieder zusammen, ein jegliches zu seinem Gebein. Und ich sah, und siehe, es wuchsen Adern und Fleisch darauf, und sie wurden mit Haut überzogen****; es war aber noch kein Odem in ihnen. Und er sprach zu mir: Weissage zum Winde; weissage, du Menschenkind, und sprich zum Wind: So spricht der Herr, HERR: Wind komm herzu aus den vier Winden und blase* ***diese Getöteten an, dass sie wieder lebendig werden****! Und ich weissagte, wie er mir befohlen hatte. Da kam Odem in sie, und sie wurden wieder lebendig und richteten sich auf ihre Füße. Und ihrer war ein großes Heer.*

Und er sprach zu mir: ***Du Menschenkind, diese Gebeine sind das ganze Haus Israel****. Siehe, jetzt sprechen sie: Unsere Gebeine sind verdorrt, und* *unsere Hoffnung ist verloren, und es ist aus mit uns. Darum weissage und sprich zu ihnen: So spricht der Herr, HERR:* ***Siehe, ich will eure Gräber auftun und will euch, mein Volk, aus denselben herausholen und euch ins Land Israel bringen****;* ***und ihr sollt erfahren, dass ich der HERR bin, wenn ich eure Gräber geöffnet und euch, mein Volk, aus denselben gebracht habe. Und ich will meinen Geist in euch geben, dass ihr wieder leben sollt, und will euch in euer Land setzen****, und sollt erfahren, dass ich der HERR bin. Ich rede es und tue es auch, spricht der HERR."*

In der Geschichte der islamischen Koranexegese war die Deutung des Korans durch die Bibel kein unbekanntes Feld gewesen. Bereits in der Frühzeit benutze **Abu Cafer Taberi (gest. 923)** für die Erläuterung sämtlicher Koranstellen die Bibel ohne Scheu. Der Orientalist Ignaz Goldziher (gest. 1921) lobte den Korankommentar von Taberi (gest. 923) unter anderem auch deshalb, weil dieser an etwaigen Stellen, die biblischen Legenden und Quellen für seine Exegese heranzog. Goldziher gesteht aber auch ein, dass nicht alle Vorgänger der muslimischen Gelehrten Taberis Vorgehensweise mit Sympathien begegnen würden: „*Dabei macht er auch ausgiebigen Gebrauch von den hinsichtlich biblischer Legenden aus* ***Quellen jüdischen Ursprungs*** *(Ka´b al-ahbar, Wahb b. Munabbih) abgeleiteten Mitteilungen; darin* ***hätte er den Beifall seiner Vorgänger nicht unbedingt erhalten****. Sein Werk ist vielmehr die* ***reichlichste Fundgrube*** *der in islamischen Kreisen gangbaren Versionen über* ***biblische Stoffe.****"*[31] Als ein weiteres Beispiel für die Notwendigkeit des biblischen Kommentars zum Verständnis des Korans, kann der Vers 72-73 der Sure 2 aufgeführt werden. In dem Koranvers werden die Juden an einem konkreten historischen Fall erinnert, dessen Geschichte tief im Bewusstsein des jüdischen Volkes in Medina vorhanden war. Gott verlangte von Ihnen, eine Kuh zu schlachten, um so den Mörder zu verifizieren (siehe Koran 2: 67-73). Jedoch wird im Koran nicht explizit erwähnt, weshalb eine Kuh geschlachtet werden soll. Im Koran heißt es folgendermaßen dazu: „***Und als ihr jemanden getötet und darüber untereinander gestritten hattet****, da sollte Gott ans Licht bringen, was ihr verborgen hieltet.* ***Da sagten Wir: "Berührt ihn mit einem Stück von ihr (der Kuh)!" So bringt Gott die Toten wieder zum Leben und zeigt euch Seine Zeichen; vielleicht werdet ihr es begreifen***" (Koran 2:72-73).

Im fünften Buch Mose (Deuteronomium) unter der Überschrift „***Sühnung eines Mordes von unbekannter Hand***" wird der Hintergrund des

31 Ignaz Goldziher, Die Richtungen der islamischen Koranauslegung, S. 89-90.

koranischen Verses "***Und als ihr jemanden getötet und darüber untereinander gestritten hattet***" ausführlicher erläutert. So schreibt die Bibel dazu:

„*Wenn man einen Erschlagenen findet in dem Lande, das dir der HERR, dein Gott, geben wird, es einzunehmen, und er liegt auf freiem Felde und* ***man weiß nicht, wer ihn erschlagen hat****, so sollen deine Ältesten und Richter hinausgehen und den Weg abmessen von dem Erschlagenen bis zu den umliegenden Städten. Welche Stadt am nächsten liegt, deren Älteste sollen* ***eine junge Kuh nehmen****, mit der man noch nicht gearbeitet und die noch nicht am Joch gezogen hat, und sollen sie hinabführen in einen Talgrund, der weder bearbeitet noch besät ist, und dort im Talgrund ihr das Genick brechen. Und die Priester, die Leviten, sollen herzutreten, denn der HERR, dein Gott, hat sie erwählt, dass sie ihm dienen und in seinem Namen segnen, und nach ihrem Urteil sollen alle Sachen und alle Schäden gerichtet werden. Und alle Ältesten der Stadt,* ***die dem Erschlagenen am nächsten liegen, sollen ihre Hände waschen über der jungen Kuh****, der im Talgrund das Genick gebrochen ist. Und sie sollen anheben und sagen: Unsere Hände haben dies Blut nicht vergossen, und unsere Augen haben's nicht gesehen. Entsühne dein Volk Israel, das du, der HERR, erlöst hast; lege nicht das unschuldig vergossene Blut auf dein Volk Israel! So wird für sie die Blutschuld gesühnt sein. So sollst du das unschuldig vergossene Blut aus deiner Mitte wegtun, damit du handelst, wie es recht ist vor den Augen des HERRN.*"[32] Ob die Bibel auch in Zukunft eine nicht zu unterschätzende exegetische Funktion einnehmen wird, hängt besonders vom Korankommentator und seinem Kenntnisstand über die Bibel ab[33].

"Auch vor dir haben wir nur Menschen als Gesandte geschickt, welchen wir uns durch Offenbarung mitteilen. ***Befragt deshalb nur die Schriftbesitzer (Juden und Christen), wenn ihr es nicht wisst****"* (Koran 16:43).

32 Deuteronomium Kap. 21, 1-9.
33 Die Richtungen der islamischen Koranauslegung, S. 88-93

4. Hat der Koran die Gültigkeit der Bibel aufgehoben?

Für die meisten muslimischen Theologen ist es offensichtlich, dass die Bibel verfälscht worden ist. Es scheint, als ob die islamischen Gelehrten einen Konsens in dieser Angelegenheit getroffen hätten. Im Jahre 2006 veröffentlichten vier renommierte Wissenschaftler (Prof. Hayrettin Karaman, Prof. Mustafa Cagrici, Prof. Ibrahim Kafi Dönmez und Prof. Sadrettin Gümüs) im Auftrag der türkischen Religionsbehörde DITIB eine fünfbändige Koranexegese. In dieser wurde deutlich zum Ausdruck gebracht, dass alle Juden und Christen verpflichtet seien, die letzte Offenbarung Gottes, den Koran, zur Richtschur in ihrem Leben zu machen, da durch den Koran alle vorherigen Bücher, wie das Alte und das Neue Testament, ihre Legitimität und Gültigkeit verloren haben. So wird in der Gemeinschaftsexegese folgendes beschrieben: *„Nachdem der Koran als Rechtleitung herabgesandt wurde, sind ab dem Zeitpunkt die Juden und Christen verpflichtet, diesen mit samt seinen Anweisungen auch zu praktizieren.“*[34] Der österreichische Gelehrte Muhammad Asad (gest. 1992), nahm den Koranvers 2:106 zum Anlass dafür, dass der Koran die Bibel als Ganzes abrogiert habe: *„Jede Botschaft, die Wir aufheben oder dem Vergessen übergeben, ersetzten Wir mit einer besseren oder ähnlichen.“*[35] Auch andere international renommierte Religionswissenschaftler wie z. B. Prof. Muhammed Hamidullah (gest. 2002), der in Bonn 1933 an der Rheinischen Friedrich-Wilhelms-Universität seine Doktorarbeit schrieb, unterstreicht Asads Sichtweise in Bezug auf die Bibel.

In seinem Werk „**Islam und Christentum**“ beschreibt Hamidullah ausführlich, dass die Bibel in seinem heutigen Zustand, abermals verfälscht worden ist und vom Koran als letztgültige Offenbarung abgelöst sei. So beschreibt er: *„Und es versteht sich von selbst, dass, wenn derselbe Gesetzgeber über dasselbe Thema aufeinanderfolgende Gesetze verkündet,* ***dass letzteres in Kraft bleibt****. Hätte man zur Zeit von Moses (a) darauf bestanden, weiterhin dem Buche zu folgen, dass Abraham (a) offenbart wurde, so wäre das nicht ein Zeichen von Gehorsam gegenüber dem gesetzgebenden Gott gewesen, sondern vielmehr eine Beleidigung, die darin bestanden hätte, Seine allerletzte Weisung nicht zu befolgen. Außerdem ist der Koran von allen offenbarten Büchern das am besten Erhaltene. Die Spuren der anderen sind heute nur noch in Form von Fragmenten oder Übersetzungen vorhanden; der*

34 Kuran Yolu, Bd. 2, S. 287.
35 Die Botschaft des Koran, S. 51-52.

Koran ist vollständig und in seiner ursprünglichen Sprache erhalten, und unter Millionen von handgeschriebenen oder gedruckten Kopien und in den Gedächtnissen von denjenigen, die ihn heute noch auswendig lernen, gibt es keine Varianten. ***Was die Evangelien betrifft, hat die Masse der griechischen Manuskripte des Neuen Testaments „fast 200.000 Varianten hervorgebracht.***“[36] Der jüdischstämmige Orientalist und Islamforscher Ignaz Goldziher (gest. 1921), kritisierte vehement die muslimische Herangehensweise an der Bibel. Selbst Rationalisten wie Muhammad Abduh (gest. 1905) und sein Schüler Raschid Rida (gest. 1935) vertraten die Ansicht, dass der Koran die Gültigkeit aller vorherigen Offenbarungen aufgehoben habe.[37] Nach Goldziher hegen die muslimischen Gelehrten immer noch ein Vorurteil, wenn es darum geht, ein Urteil über die Bibel zu fällen. So beschreibt er diesen Umstand wie folgt: „*Man sieht, dass die Abduh-Schule für ihre rationalistische Zwecke bereitwillig auch das* ***islamische Vorurteil von der Thora- und Evangelien Fälschung durch Juden und Christen handhabt.*** *Dies tut sie bei jeder Gelegenheit, wo sie eine ihr missliebige Vorstellung, die aus der Bibel in den Islam eingedrungen ist, aus diesem beseitigen will.*“[38] Für den Islamwissenschaftler und Koranübersetzer Prof. Hartmut Bobzin, habe der Koran die Bibel nicht außer Kraft gesetzt. Im Gegenteil, der Koran bestätige explizit das Alte und Neue Testament als Gottes kontinuierliche Offenbarung.[39] Als Belegstellen werden folgende Koranverse aufgeführt: „***Wahrlich, Wir hatten die Thora, in der Führung und Licht war, hinabgesandt.*** *Damit haben die Propheten, die sich (Gott) hingaben, den Juden Recht gesprochen, und so auch die Rabbiner und die Gelehrten; denn ihnen wurde aufgetragen, das Buch Gottes zu bewahren, und sie waren seine Hüter*“ (5:44).

„*Wir ließen ihnen Jesus, den Sohn der Maria, folgen; zur Bestätigung dessen, was vor ihm in der Thora war; und* ***Wir gaben ihm das Evangelium, worin Rechtleitung und Licht war,*** *zur Bestätigung dessen, was vor ihm in der Thora war und als Rechtleitung und Ermahnung für die Gottesfürchtigen.* ***Und die Leute des Evangeliums sollen sich nach dem richten, was Gott darin offenbart hat; und die sich nicht nach dem richten, was Gott herabgesandt*** *hat, das sind die (wahren) Frevler*“ (5:46-47).

36 L´Introduction ä la Bible von Robert et Feuillet, 2 Ausgabe, 1959, S. 111 (türk.: Muhammed Hamidullah, Islamiyet ve Hiristiyanlik, S. 129).
37 Tefsiru´L- Menar, Bd. 6, S. 523-533.
38 Die Richtungen der islamischen Koranauslegung, S. 359.
39 Hartmut Bobzin, Der Koran, S. 67.

„Und Wir haben das Buch mit der Wahrheit zu dir herabgesandt, ***das bestätigt, was von der Schrift vor ihm da war und darüber Gewissheit gibt****; richte also zwischen ihnen nach dem, was Gott herabgesandt hat und folge nicht ihren Neigungen (der Götzendienern), von der Wahrheit abzuweichen, die zu dir gekommen ist.* ***Für jeden von euch haben Wir Richtlinien und eine Laufbahn bestimmt. Und wenn Gott gewollt hätte, hätte Er euch zu einer einzigen Gemeinde gemacht****. Er wollte euch aber in alledem, was Er euch gegeben hat, auf die Probe stellen. Darum sollt ihr um die guten Dinge wetteifern. Zu Gott werdet ihr allesamt zurückkehren; und dann wird Er euch das kundtun, worüber ihr uneins wart*" (5:48). Für den ehemaligen Religionsminister der Türkei Prof. Süleyman Ates, sind die obigen Koranverse Indizien dafür, dass die Bibel trotz ihrer teilweise entstellten Version, durch ihre Grundprinzipien die Menschen dennoch rechtleitet. Außerdem erwähne der Koran an keiner Stelle, dass die Bibel als solche abrogiert worden ist. Vielmehr wird vom Koran unmissverständlich bestätigt, dass die Heilige Schrift (Bibel) ein Licht und eine Rechtleitung ist. Ates sagt: „***Der Koran fordert die Juden und Christen nicht auf, sich von ihren Büchern loszulösen. Vielmehr fordert er sie auf, die Gebote ihrer Heiligen Schriften zu befolgen und zu praktizieren.***"[40] „***Wahrlich, Wir hatten die Thora, in der Führung und Licht war, hinabgesandt***" (5:44). „***Und die Leute des Evangeliums sollen sich nach dem richten, was Gott darin offenbart hat***" (5:47). Bereits Jahre zuvor bekundete der islamische Denker und iranische Ministerpräsident Mehdi Bazargan (gest. 1995), dass es: *„nicht die Absicht des Koran sei,* ***das Evangelium für ungültig zu erklären oder die christliche Religion als überholt zu betrachten*** *[...]****Er (Der Koran) lehnt die Tora und die Evangelien nicht ab und sagt nicht, dass sie vernichtet werden müssen, weil sie alt und unvollständig seien, sondern bezeichnet sich selbst als Beschützer und Bewahrer der Schrift.***"[41] Der Koran beabsichtigt eine unverkennbare Intention, wenn es darum geht, einen Diskurs mit der Bibel zu führen. Es geht ihm in erster Linie darum, bestimmte Überlieferungen der Bibel im Lichte des 7. Jahrhunderts noch einmal in einem neuen Kontext zu betrachten. Der Evangelische Theologie Professor Paul Schwarzenau, beschreibt die koranische Methode wie folgt: *„In den Koran fließen also Überlieferungsströme wieder ein, die durch die Kanonisierung von Altem und Neuem Testament eingeschränkt oder ausgeschlossen worden sind. Wenn man das auch nicht eine*

40 Islam´da Güncel Tartismalar, S. 14.
41 Mehdi Bazargan, Und Jesus ist sein Prophet, S. 28-29.

*„**Fälschung**“ der Überlieferung nennen will,* ***so stellt es doch eine erhebliche Umbiegung und Vereinseitigung der Überlieferung dar, die, so gesehen der Koran richtigstellt und, durch Nachoffenbarung wieder vervollständigt. Es ist eine Tatsache, dass die jesuanische und urchristliche Überlieferung nicht ungebrochen in das Neue Testament übergangen ist****.* ***Der Koran ist die Ergänzung zum Neuen Testament.***“[42] Der Koran bestätigt in unzähligen Versen, dass sie im Grunde keine neue Botschaft darstelle, sondern die voraus gegangenen Schriften ergänze: „***Dies stand wahrlich in den ersten Schriften den Schriften Abrahams und Moses***“ (87:18-19). Aus diesem Grund, ist es unschwer, Parallelen in den heiligen Schriften zu finden, wie z. B: „*Sprich:* ***Wäre das Meer Tinte für die Worte meines Herrn, wahrlich, das Meer würde versiegen, ehe die Worte meines Herrn zu Ende gingen****, auch wenn wir noch ein gleiches als Nachschub brächten*“ (Koran 18:109). Von dem Tora- Gelehrten Jochanan ben Zakkai (gest. um 100 n. Chr.) wird folgendes überliefert: „*Wenn alle Himmel Pergamente und alle* ***Bäume Schreibrohre und alle Meere Tinte wären, so würde das nicht genügen, meine Weisheit aufzuschreiben****, die ich von meinem Lehrer gelernt habe; und doch habe ich von der Weisheit der Weisen nur so viel genossen, wie eine Fliege, die in das Weltmeer taucht, von diesem wegnimmt.*“[43] Schließlich wird über Jesus (a) gesagt: „*Es sind noch viele andere Dinge, die Jesus (s) getan hat. Wenn aber eins nach dem andern* ***aufgeschrieben werden sollte, so würde, meine ich, die Welt die Bücher nicht fassen, die zu schreiben wären.***“[44]

42 Korankunde für Christen, S. 124.
43 Vgl. Hermann L. Strack/Paul Billerbeck, Kommentar zum Neuen Testament aus Talmud und Midrasch, Bd. 2, S. 587, München 1956.
44 Johannes, Kapitel 21:25.

5. Enthält der Koran naturwissenschaftliche Aussagen?

Im Jahre 2000 veröffentlichte der an der Universität Princeton lehrende Koranforscher Professor Michael Cook seine langjährige Arbeit zum Thema „The Koran. A Very Short Introduction".

Unter der Überschrift **„Der Koran und das wissenschaftliche Weltbild"** kritisiert Cook das Bestreben der Muslime, die ihr heiliges Buch mit naturwissenschaftlichen Ereignissen in Einklang bringen wollen: *„In der islamischen Welt unserer Tage existiert eine weit verbreitete und finanziell bestens ausgestatte Textindustrie, die sich damit beschäftigt, die Wahrheiten der modernen Wissenschaft im Koran wiederzufinden."*[45] Auch unter den muslimischen Theologen, findet seit geraumer Zeit ein Diskurs darüber statt, ob es denn tatsächlich der Intention des Korans entspricht, wissenschaftliche Aussagen aus dem Text entnehmen zu können. Für den türkischen Theologen Professor Ilhami Güler, ist es nicht die Aufgabe einer heiligen Schrift, wissenschaftliche Erkenntnisse mitzuteilen. Die grundlegende Aufgabe der Offenbarung ist für Güler folgende: *„Es geht dem Koran nicht hauptsächlich darum, naturwissenschaftliche Begebenheiten kund zu tun. Vielmehr läutert die Schrift, die Menschen und die Gesellschaft auf den rechten Weg zu weisen und dabei ihre Probleme zu lösen."*[46] Für Prof. Mustafa Öztürk ist die Synthese „Koran und Wissenschaft" vor allem eine moderne Erscheinungsform. Dieser Diskurs geht zweifelsohne auf ein Plädoyer von Prof. Ernest Renan zurück. Am 29. März 1883 hielt Ernest Renan einen Vortrag an der Sorbonne, der dann später unter dem Titel „Der Islam und die Wissenschaft" veröffentlicht wurde. Renan warf der Religion des „Islam" vor, die muslimische Welt an den technologischen und gesellschaftlichen Fortschritten zu hindern: *„Dies war der Anfang der apologetischen Grundhaltung der Islamischen Gelehrten, der bis in unsere Tage anhält"* so Öztürk.[47] Aus Minderwertigkeitskomplexen im 18. Jahrhundert gegenüber dem überlegenen Westen, versuchten namhafte Koranexegeten nachzuweisen, dass selbst neu entdeckte naturwissenschaftliche Phänomene bereits im Koran vor über 1400 Jahren offenbart wurden. Es sollte der Beweis erbracht werden, dass der Islam im Gegenteil zum naturwissenschaftlichen Fortschritt ansporrnt. Der 1940

45 Der Koran, Michael Cook, S. 40-44.
46 Dine Yeni Yaklasimlar, S. 32.
47 Kuran, Tefsir ve Usul, S. 31-32.

verstorbene Koranwissenschaftler Sheik Tantawi, veröffentlichte eine 25 bändige wissenschaftliche Koranexegese namens "el-Cevahir". Darin versuchte er die Kompatibilität der heiligen Schrift, mit den modern-neuentdeckten Naturwissenschaften nachzuweisen. Auch im 14. Jahrhundert wurden unzählige Kontroversen darüber geführt, ob Gott im Koran naturwissenschaftliches Wissen offenbart habe. Der Rechtsgelehrte und Autor mehrerer Werke **Ebu Ishak Schatibi** (gest. 1388), setzte sich sehr intensiv mit diesem Thema auseinander. In seinem Hauptwerk „**el-Muvafakat**" vertrat er die Ansicht, dass kein modernes Wissen im Koran vorhanden sei. Denn die ersten Zuhörer der göttlichen Schrift, die Sahabis (Gefolgschaft des Propheten) verstanden die Botschaft einwandfrei. Kein Gefährte des Propheten Muhammed (s) verstand die Koranverse als wissenschaftliche Botschaft.[48] Die heutigen muslimischen Gelehrten würden Schatibi´s Ansichten mit nur einer Einschränkung zustimmen, dass der Koran nicht ausschließt, vielfältige Bedeutungen zu umschreiben: „***Das Arabische ist fähig, zeitlich unbestimmte Aussagen zu machen****, wofür wir uns etwa mit* ***„es war"****,* ***„es ist"*** *und* ***„es wird sein"*** *behelfen müssten.* ***Ferner kann man in dieser Sprache künftige Ereignisse, deren Eintreten gewiss ist, als bereits geschehen in der Vergangenheitsform aussagen****. Schließlich kann jedes arabische Wort in acht verschiedene Modalitäten gebracht werden, ob die dabei entstehende Bedeutung in der realen Welt möglich ist oder nicht.* ***Dies qualifiziert das Arabische besonders für philosophisch-spekulatives und wissenschaftlich-hypothetisches Denken.***"[49] Prof. Maurice Bucaille publizierte 1976 seine zehnjährige Forschungsarbeit in seinem Werk „**Bibel, Koran und Wissenschaft**", das auch in Deutschland mehrere Auflagen erreicht hat. Während seiner Forschung war er darüber sehr erstaunt gewesen, dass der Koran zu seinem Fachgebiet „Medizin" vieles im Einklang mit den zeitgenössischen Entdeckungen ausführlich beschrieb. Zum Beispiel die koranische Darstellung der menschlichen Fortpflanzung aus einem Tropfen Sperma: „*Er hat den Menschen aus einem* ***Samentropfen*** (nutfetin) ***erschaffen***" (Koran 16:4), der sich im Mutterschoß anklammert: „*...dann aus einem* ***Samentropfen****, dann aus etwas sich* ***Anklammernden*** (min alekatin)..."(Koran 22:5). Zu einem Zeitpunkt, da die Vorstellungen vom Zeugungsvorgang noch abergläubisch geprägt waren, deutete der Koran an, dass ein Embryo entsteht, wenn sich ein männlicher Samen im Ei der Frau einnistet: „*Wir erschufen den Menschen fürwahr aus*

48 Schatibi, el-Muvafakat, Bd. 2, S. 389-390.
49 Murad Hofmann, Der Islam im 3. Jahrtausend, S. 157.

einem Tropfen Samen*, der sich (mit der Eizelle)* ***vermischt****"* (Koran 76:2). Viele Wissenschaftler erkennen, dass die Entwicklungsstadien eines Embryos im Koran äußerst genau beschrieben werden.[50] Ein anderes Beispiel ist der folgende Koranvers: *„Oder (die Ungläubigen sind) wie* ***Finsternisse in einem tiefen Meer****: Eine Woge bedeckt es, über ihr ist (noch) eine Woge, darüber ist eine Wolke;* ***Finsternisse, eine über der anderen****.* ***Wenn er seine Hand ausstreckt, kann er sie kaum sehen****; und wem Allah kein Licht gibt – für den ist kein Licht"* (Koran 24:40). In diesem Vers werden die Finsternisse in den Tiefen des Ozeans beschrieben. Erst am Anfang des 20. Jahrhunderts konnte durch eine Spezialausrüstung an U-Booten nachgewiesen werden, dass es ab einer Tiefe von 1000 Metern so dunkel ist, dass man nichts mehr sieht. Der Koran beschreibt die Dunkelheit in den Tiefen des Meeres wie folgt: „***Wenn er seine Hand ausstreckt, kann er sie kaum sehen.***"[51] Die Wunder-Lehre des Korans hat seine Anziehungskraft auch im 21. Jahrhundert bewahrt. Besonders verweisen die muslimischen Konvertiten mit Stolz darauf hin, dass unter allen heiligen Schriften, allein der Koran keine Aussagen enthält, die gesicherten naturwissenschaftlichen Erkenntnissen widersprechen.[52] Der deutsche Konvertit Dr. Murad Wilfried Hofmann, fasst seine Gedanken im Diskurs zu „wissenschaftliche Aussagen im Koran" wie folgt zusammen: „*Westliche Leser sind dadurch zu beeindrucken, dass Naturgeschichte, Kosmologie und sonstige naturwissenschaftliche Aussagen des Korans ausnahmslos im Einklang mit modernen Erkenntnissen stehen- ohne deswegen den Koran als ein naturwissenschaftliches Lehrbuch misszuverstehen*."[53] Auch im 21. Jahrhundert ist es nicht abzusehen, dass die divergierende Meinung der islamischen Gelehrten zum Thema „Wunder im Koran" zu enden scheint.

„Wir werden sie Unsere Zeichen überall auf Erden und an ihnen selbst sehen lassen, damit ihnen deutlich wird, dass es die Wahrheit ist*. Genügt es denn nicht, dass dein Herr Zeuge aller Dinge ist?"* (Koran 41:53).

---

50 Bibel, Koran und Wissenschaft. Die Heiligen Schriften im Licht moderner Erkenntnisse, S. 314-327.
51 Sohaib Sultan, Der Koran für Dummies, S. 152.
52 Dr. Hamza Mustafa Njozi, Ursprung des Korans. Untersuchung der Urheberschaftstheorien, 2005.
53 Islam, S. 26.

6. Ist der Koran nur historisch zu verstehen?

Unter den islamischen Theologen gibt es einen Streitpunkt, der höchstwahrscheinlich auch in diesem 3. Jahrtausend nicht mehr zu einem Konsens führen wird. Die Kontroverse betrifft die „**Deutung**“ des Korantextes, ob alles was im Koran enthalten ist, auch für die Ewigkeit bestimmt sei. Im Jahre 2011 veröffentlichte die einflussreiche **Tarika** der **Nakschibandi** Orden einen islamischen **Katechismus (**türk. Ilmihal), wonach es heißt: „*so bald im Koran ein Gesetz vorhanden ist, muss dieser unverzüglich umgesetzt werden. Denn alles was im Koran vorhanden ist, ist allgültig für alle Zeiten bestimmt.*“[54]

Die Befürworter dieser Sichtweise stützten sich hauptsächlich auf die folgenden Koranverse: „*Was du ihnen verkündest, ist der würdige Koran, al-Quran al-Magid, unantastbar auf der wohlverwahrten Tafel“ (85:21-22)* und „*Es ist ein segensreicher Koran in einem wohlaufbewahrten Buch“ (56:77-78).* Hiernach soll Gott im Koran alle zeitliche Entwicklungen der menschlichen Gesellschaften berücksichtigt und in Rechnung getragen haben. Deshalb kann alles im Koran zu jeder Zeit praktiziert werden.[55] Nach dieser Interpretation ist es nicht relevant, ob es sich um moderne Gesellschaften des 21. Jahrhunderts handelt oder nicht, es soll buchstabengetreu wie zu Zeiten des Propheten im 7. Jahrhundert umgesetzt werden. Auch für den deutschen Muslim und Juristen Dr. Murad Wilfried Hofmann, kann der Islam keinen alternativen Gesellschaftsentwurf bieten, wenn die Rechtsbestimmungen der heiligen Schrift in seiner vollen Tragweite nicht umgesetzt werden: „*Es wäre andererseits völlig falsch, so zu tun, als enthielten Koran und Sunna überhaupt keine Rechtsnormen, sondern nur einige Prinzipien und Empfehlungen, und das ausschließlich für den historischen Kontext, eventuell sogar nur für die Gesellschaft von Medina. Vertretern dieser Ansicht kommt es offenbar darauf an, den Islam um jeden Preis für den Westen annehmbar zu machen; denn ohne Scharia enthielte der Islam keinen alternativen Gesellschaftsentwurf mehr.“*[56] Der ehemalige Direktor des Zentralinstituts „**Islam-Archiv**“ Muhammad Salim Abdullah, unterteilt die Offenbarungsschrift in drei Kategorien ein. Nur eine Kategorie wird für ewiggültig eingestuft:

---

54 Seyda Muhammed Konyevi, Kadin ve Aile ilmihali, S. 54.
55 Mustafa Öztürk, Kuran ve Tefsir Kültürümüz, S. 11.
56 Der Islam 3. Jahrtausend, S. 218.

„Der Inhalt der islamischen Offenbarungsschrift kann in drei Ebenen eingeordnet werden, die sich sowohl in ihrer Gewichtung unterscheiden wie sie sich auch ergänzen. Die drei Ebenen sind:

a) Die Ebene des Glaubens;

b) Die Ebene des Brauchtums;

c) Die Ebene des Verfahrens.

Praktisch bedeutet das, dass die Glaubensartikel (Ebene des Glaubens) ***unveränderbar*** *und* ***ewiggültig*** *sind. Dazu gehören unter anderem ewige Wahrheiten wie die* ***Einheit Gottes****, die göttliche Offenbarung durch den Mund der Propheten,* ***Auferstehung****,* ***Jüngstes Gericht****,* ***Erlösung und Bestrafung****. Dieser Teilaspekt des Inhalts der Offenbarung ist informatischer Natur.*[57]

„Und Wir schickten keinen Gesandten vor dir, dem Wir nicht geoffenbart hätten: "Es ist kein Gott außer Mir, darum dient nur Mir." (21:25)

Unterstützung erhält Muhammad Salim Abdullah vom türkischen Theologen Prof. Ilhami Güler. Der Glaube an den Iman, die Gottesdienste und die Ethik und Moral sind im Koran ewiggültig. Auch die wenigen Vorschriften der Rechtsregeln (Ahkam), sind in erster Linie eine Antwort und Lösung für die damaligen Gesellschaftsverhältnisse des 7. Jahrhunderts. ***„Die Gesetzesvorschriften im Koran sind keine Maßstäbe, sondern nur Beispiele***“, so Güler in seinem jüngsten Buch.[58] Um diese Sachlage etwas näher zu erläutern sollen nun einige Beispiele angeführt werden. Der Koran behandelt ausführlich die Erbverteilung in zwei grundlegenden Versen der vierten Sure „die Frauen“ (an-Nisa). Auffallend an diesen zwei Versen ist unter anderem, dass es sich um zwei umfangreiche Abschnitte handelt:

„Gott schreibt euch hinsichtlich eurer Kinder vor: ***„Auf eines männlichen Geschlechts kommt (bei der Erbteilung) gleichviel wie auf zwei weiblichen Geschlechts****. Sind es aber (nur) Frauen, mehr als zwei, sollen sie zwei Drittel der Hinterlassenschaft erhalten. Ist es nur eine, soll sie die Hälfte haben. Und jedes Elternteil soll den sechsten Teil der Hinterlassenschaft erhalten, wenn er (der Verstorbene) Kinder hat; hat er jedoch keine Kinder, und seine Eltern beerben ihn, steht seiner Mutter der dritte Teil zu. Und wenn er Bruder hat, soll seine Mutter den sechsten Teil,*

57 Islam, Muslimische Identität und Wege zum Gespräch, S. 26.
58 Din´e yeni yaklasimlar, S. 39.

*nach Bezahlung eines etwa gemachten Vermächtnisses oder einer Schuld, erhalten. Eure Eltern und eure Kinder ihr wisst nicht, wer von beiden euch an Nutzen naher steht. (Dies ist) ein Gebot von Gott; wahrlich, Gott ist Allwissend, Allweise." Und ihr bekommt die Hälfte von dem, was eure Frauen hinterlassen, falls sie keine Kinder haben; haben sie aber Kinder, dann erhaltet ihr ein Viertel von ihrer Erbschaft, nach allen etwa von ihnen gemachten Vermächtnissen oder Schulden. Und ihnen steht ein Viertel von eurer Erbschaft zu, falls ihr keine Kinder habt; habt ihr aber Kinder, dann erhalten sie ein Achtel von eurer Erbschaft, nach allen etwa von euch gemachten Vermächtnissen oder Schulden. Und wenn es sich um einen Mann handelt – oder eine Frau, dessen Erbschaft geteilt werden soll, und der weder Eltern noch Kinder, aber einen Bruder oder eine Schwester hat, dann erhalten diese je ein Sechstel. Sind aber mehr (Geschwister) vorhanden, dann sollen sie sich ein Drittel teilen, nach allen etwa gemachten Vermächtnissen oder Schulden***, damit keinem Erben ein Nachteil entsteht***. *Dies ist eine Vorschrift von Gott, und Gott ist Allwissend, Milde"* (Koran 4:11-12). Hiernach erhalten die männlichen Erben doppelt so viel an Anteil wie der von zwei Frauen. Muss dies nun für alle Zeiten so gelten? Unmissverständlich geht diese Tatsachenfeststellung aus dem folgenden Koranvers hervor: ***„Auf eines männlichen Geschlechts kommt (bei der Erbteilung) gleichviel wie auf zwei weiblichen Geschlechts***"(4:11). Der Penzberger Imam und Buchautor Benjamin Idriz ist der Ansicht, dass sich die Erbverteilung zugunsten des Mannes nur im historischen Kontext zu bewerten sei. Denn sie wurde vorerst in eine patriarchalische Umgebung offenbart, wo traditionell den Frauen gar kein Anteil vom Erbe zugesprochen wurde. Idriz schreibt in seinem vielbeachteten Buch: *„Der Mann sollte den doppelten Anteil vom Erbe bekommen, weil er alle Kosten der Familie zu tragen hatte, und die Frau nur den einfachen, weil sie nicht zur Versorgung verpflichtet war.*" Der Imam warnt jedoch besorgt, aus dieser Bestimmung eine Regel für alle Zeiten zu schlussfolgern: *„In einer Familie jedoch, in der die Frau und der Mann alle Kosten gleichermaßen zu tragen haben, sollte das Erbe selbstverständlich in gleiche Anteile geteilt werden. Denn es gilt das Ziel, dass niemand benachteiligt wird und Gerechtigkeit herrscht. Der Zweck der Erbverteilungsbestimmungen der Verse 4/11 und 4/12 wird mit einem einzigen Satz erklärt, der sich in Vers 4/12 befindet:* ***ghayra mudarr- „Niemandem darf ein Schaden zugefügt werden***". **Das Hauptkriterium bei der Erbverteilung ist also, das Erbe gerecht zu verteilen, ohne eine**

***Partei zu schädigen.* <u>**Die im Koran vorgeschlagene Art der Erbverteilung ist keine für alle Zeiten und alle Länder gültige Formel; was aber für alle Zeiten und alle Länder Gültigkeit hat, ist die Forderung, dass niemand durch die Verteilung der Erbschaft benachteiligt werden darf.**</u>"[59]

Im Jahre 1999 erschien im Verlag Al-Fihrist Publisher das Buch „Grandeur et Decadence de l´ Islam" (Größe und Niedergang des Islam) von dem Französischen Philosophen Roger Garaudy. Darin behandelt Garaudy sämtliche Themen im Koran, wie sie heute verstanden werden können und sollen. Ein Beispiel dazu ist die folgende Sure 111 im Koran:

„Im Namen Gottes, des Allerbarmers, des Barmherzigen! ***Zugrunde gehen sollen die Hände Abu Lahabs****! Und (auch er selbst) soll zugrunde gehen!* ***Nichts soll ihm sein Vermögen nützen, noch das, was er erworben hat****; er wird in einem flammenden Feuer brennen, und seine Frau wird das Brennholz tragen. Um ihren Hals ist ein Strick aus Palmfasern"*

Garaudy deutet die Sure 111 für das heutige Verständnis folgendermaßen: *„Ist der Koran nicht auf eine wunderbare Art mit der Geschichte verwurzelt, wenn in Sure 111 Die Palmfasern die persönlichen Feinde des Propheten Muhammad namentlich erwähnt und den Höllenflammen geweiht werden: sein Onkel Abu Lahab und dessen Frau?* ***Und müssen wir aus dieser Sure nur die in der Geschichte des Tribuns situierte Anekdote zurückbehalten*** <u>***oder ihren Sinn, die Ablehnung einer Anhäufung von Reichtümern ohne menschliches Ziel und eines blinden Wachstums,***</u> ***das heute der multinationalen Unternehmen und der Nationen ist****?"*.

Wenn uns der Koran sagt: *„Und Gott hat euch eure Häuser als Ruheplatz gegeben. Und Er gab euch die Häute des Viehs zum Zeltbau, leicht zu handhaben am Tage eures Aufbruchs und am Tag eures Lagerns (16:80)…", dann ist klar, dass er zu einem bestimmten Zeitpunkt in der Geschichte eine nomadische Gemeinschaft anspricht, um ihnen eine ewige Wahrheit mitzuteilen: die der Fürsorge und der Anwesenheit Gottes gegen die Anmaßung des Menschen, sich selbst zu genügen, wie sie ein Prometheus, die Pharaonen oder Faust zeigen. Es ist eine Erinnerung an die Transzendenz gegenüber der Selbstgefälligkeit, die für alle eingebildeten Baumeister; die der Pyramiden, der Atomsprengköpfe oder der Wolkenkratzer ewigen Wert hat.*[60]

---

59 Grüß Gott Herr Imam, S. 144-145.
60 Roger Garaudy, Scharia-Eine DII-Publikation, S. 10.

Nach dem Koranwissenschaftler Mustafa Öztürk, ist der Koran nur dann im vollen Umfang für die Zeitgenossen verständlich, wenn der historische Kontext samt seiner Bandbreite mit berücksichtigt wird. Der Koran enthält Geschichtliches und Übergeschichtliches. Übergeschichtlich ist das in allen Offenbarungsreligionen als zentral Verkündete: „der Monotheismus, Jenseitsglaube und die Tugendlehre.“[61] Der inzwischen verstorbene Denker Roger Garaudy (gest. 2012), betont nachdrücklich, dass ein historisches Textverständnis nichts an seiner Aktualität verliert. Im Gegenteil, die Heilige Schrift der Muslime ist im jeden Zeitalter relevant: „*Der Koran offenbart uns ewige Werte: Er offenbart sie uns durch eine bestimmte Antwort zur Lösung von bestimmten historischen Problemen. Dieser historische Charakter der göttlichen Offenbarung, d.h. der Antwort, die sie auf die Probleme einer besonderen Gesellschaft zu einem bestimmten Zeitpunkt ihrer Geschichte gibt, ist im Koran offensichtlich.*“[62]

61 Kuran ve Tefsir Kültürümüz, S. 20-33.
62 Roger Garaudy, Größe und Niedergang des Islam.

7. Der Koran und die Gläubigkeit der Christen

Es gibt viele Gemeinsamkeiten in der Religion zwischen den Christen und Muslimen. Zum Beispiel der fundamentale Glaube an Gott, das Jenseits und an Himmel und Hölle. Freilich bekennen sich beide zum Monotheismus. Seit Jahrhunderten spricht jedoch ein Teil der Muslime den Christen den monotheistischen Glauben ab, da die Anhänger des Christentums neben den Schöpfer auch Jesus (a) anbeten. Deshalb betreiben sie aus dieser Perspektive **Vielgötterei**. Als Belegstellen führen sie zwei grundlegende Koranverse 5:73-74 an, die oft in Diskussions- und Dialog-Veranstaltungen von seitens der Muslime gerne angeführt werden. Es ist bemerkenswert, dass ausgerechnet beide Koranverse sich in der fünften Sure al-Maida (der Tisch) befinden. In der Sure "Tisch" wird unter anderem auch das letzte Abendmahl von Jesus (a) und seinen Jüngern berichtet, welches natürlich für die Christen von grundlegender Bedeutung ist. So heißt es im Koran: "*Als die Jünger sagten*: "*O Jesus Sohn der Maria, ist dein Herr imstande, uns einen Tisch (mit Speisen) vom Himmel herabzusenden?" sagte er: "Fürchtet Gott, wenn ihr Gläubige seid" (5:112).*

Der Koran wendet sich in unzähligen Versen an die Juden und Christen mit dem Begriff ***„ahl al-kitab"****, was soviel wie* **Leute des Buches** *bedeutet, oder auch* ***Anhänger früherer Offenbarung***. Die Koranverse, die eine harsche Kritik an das Fundament des Christentums üben, lauten wie folgt:

"Wahrlich, ***ungläubig sind diejenigen, die sagen: "Allah ist der Messias, der Sohn der Maria****", während der Messias doch selbst gesagt hat: "O ihr Kinder Israels, betet zu Allah, meinem Herrn und eurem Herrn." Wer Allah Götter zur Seite stellt, dem hat Allah das Paradies verwehrt, und das Feuer wird seine Herberge sein. Und die Frevler sollen keine Helfer finden.*

Wahrlich, ***ungläubig sind diejenigen, die sagen: "Allah ist der Dritte von dreien****"; und es ist kein Gott da außer einem Einzigen Gott. Und wenn sie nicht von dem, was sie sagen, Abstand nehmen, wahrlich, so wird diejenigen unter ihnen, die ungläubig bleiben, eine schmerzliche Strafe ereilen" (5:72-73).*

In den oben aufgeführten Versen werden zwei Sichtweisen vom Koran diametral zurückgewiesen. Die eine Ansicht ist die biologische Verwandtschaft von Jesus (a) als Sohn Gottes im wörtlichen Sinne. Die andere wiederum der Glaube an die Trinitätslehre. Gelten pauschal alle Christen nach dem Koran als **Ungläubige**, die diese Weltanschauung vertreten? Wird der Begriff „Kafir“ in den Koran-Übersetzungen mit „Unglaube“ richtig übersetzt? ***Kafir*** *wird wie „Muslim“ oftmals benutzt, um mit einem Sammelbegriff alle Nicht-Muslime zu bezeichnen. Nichts könnte irreführender sein. Der Koran verwendet den Ausdruck* ***Kafir*** *nur für die Beschreibung eines Menschen, der den Glauben bewusst ablehnt. Dies ist ein Mensch, der zwar versteht, dass die koranische Botschaft wahr ist, sich aber dennoch zu glauben weigert. Eine Seele, die die Wahrheit überdeckt, obwohl sie diese erkannt hatte, befindet sich im Zustand eines* ***Kafirs*** (ungläubigen), so der Islamwissenschaftler Sohaib Sultan zum Begriff Kafir.[63]

Der österreichische Korangelehrte Muhammad Asad, erkannte früh die unzureichende Wiedergabe des Begriffs „Kafir“. So übersetzte Asad die maßgeblichen Stellen folgendermaßen: *„Führwahr, die Wahrheit leugnen (****kafara****) diejenigen, die sagen: Siehe, Gott ist der Christus, Sohn der Maria,“ (5:72).* Oder: *„Fürwahr, die Wahrheit leugnen (****kafara****) diejenigen, die sagen: Siehe, Gott ist der Dritte einer Trinität...“ (5:73).*

Bereits im Mittelalter disputierte der Bischof und Koran-Kenner Elias von Nisibis (gest. 1046), mit dem Wesir Abu l-Qasim al Husain b. Ali al-Magribi (gest. 1027) über zentrale Themen wie dem Monotheismus. In ihrem dritten Sitzungsgespräch, welches erstmals von Prof. Abdullah Takim ins Deutsche übersetzt wurde, führen sie folgenden Diskurs: *„Am ersten Dienstag des sechsten Monats des muslimischen Jahres begab ich (Elias von Nisibis) mich zur Sitzung des Wesirs. Er sagte mir: Ich habe über das, was du bezüglich der Vorstellung des Monotheismus der Christen gesagt hast, nachgedacht und es gebilligt. Daraufhin habe ich im erhabenen Koran nachgesehen und gefunden, dass das folgende Wort Gottes „Ungläubig sind diejenigen, die sagen: ,,Gott ist der Dritte von dreien“. (al-Maida 5:73) den Christen den Monotheismus abspricht. Der Koran charakterisiert an vielen Stellen die Christen als Gläubige, die Gott Partner zugesellen (sirk).*

Ich (Elias) sagte: *Gott möge den Wesir stärken. Das, was im Koran vorkommt, zwingt mich nicht (anzuerkennen, dass die Christen Gott Partner zugesellen). Obwohl dies mich nicht zwingt, werde ich aus dem Koran Beweise dafür anführen, dass die Christen Monotheisten sind. So sehen wir, dass der Koran die Christen manchmal als Monotheisten und manchmal als*

63 Der Koran für Dummies, S. 211.

Polytheisten charakterisiert. Wenn die Sache sich so verhält, dann befinden sich im Koran entweder Widersprüche oder aber der Koran charakterisiert eine Gruppe von Christen als Monotheisten und eine andere Gruppe von ihnen als Polytheisten. Ich glaube nicht, dass unter den Muslimen, Gott behüte sie, Gläubige vorhanden sind, die behaupten, dass im Koran Widersprüche existieren. So folgt daraus, dass der Koran, ***wenn er Christen als Monotheisten bezeichnet, nur eine bestimmte Gruppe von Christen charakterisieren will, während mit der Bezeichnung Polytheisten eine andere Gruppe unter den Christen gemeint ist.*** *Was die Monotheisten betrifft, deren Monotheismus durch den Koran bezeugt wird, so wissen wir, dass sie die Einzigkeit Gottes bekunden.* ***Wir, dass heißt die Nestorianer, Jakobiten, Melkiten und diejenigen von den Christen, die unserem Weg folgen, gehören zu diesen Monotheismus.*** *Was die Polytheisten von den Christen betrifft, so gibt es verschiedene Gruppen unter ihnen, die das Christentum nachahmen: wie die Markioniten, Bardesaniten, Manichäer und die Trituniya, das heißt die Tritheisten* ***und andere, die sich zwar dem Christentum zurechnen, aber in Wirklichkeit davon sehr weit entfernt sind.***[64]

Für den katholischen Theologen Hans Küng ist das gegenwärtige Bild von Jesus im Christentum historisch nicht zu decken. Die koranische Christologie sei hingegen zur biblischen authentischer. So ist Küng der Ansicht: "*Nur an einer Stelle im ganzen Neuen Testament wird klar bejaht, dass* ***Vater, Sohn und Geist "eins"*** sind[65], *und gerade diese Stelle findet sich in den alten Handschriften des Neuen Testaments nicht; sie ist nämlich - wiewohl in ihrer Authentizität von der römischen Glaubenskongregation noch um die Jahrhundertwende verteidigt - heute allgemein als Fälschung erkannt: entstanden im 3. oder 4. Jahrhundert in Nordafrika oder Spanien.. Dieser jüdische Jesus (a) dachte sowenig wie heute ein Muslim daran, den Glauben an den einen Gott- das erste Gebot! aufzulockern.* ***"Was nennst du mich gut? Niemand ist gut außer Gott allein",*** *war seine Reaktion auf die Anrede* ***"Guter Meister."***[66] **Den Titel Gottessohn hat er- darin stimmt heute historisch-kritische Exegese überein- für sich nicht gebraucht.**[67]

Der Koran unterscheidet in mehreren Stellen zwischen den „Polytheisten" als

---

64 Islamische Tradition und neue Ansätze in Süleyman Ates´s „Zeitgenössischem Korankommentar", S. 249-250.

65 1 Jo 5,7.

66 Mk 10,17.

67 Christentum und Weltreligionen, S. 172-173.

solche und den „Leuten des Buches". In Sure 5 Vers 5 wird dies deutlich hervorgehoben: *„Heute sind euch alle guten Dinge erlaubt. Und die Speise derer, denen die Schrift gegeben wurde, ist euch erlaubt, wie auch eure Speise ihnen erlaubt ist.* ***Und ehrbare gläubige Frauen und ehrbare Frauen unter den Leuten, denen vor euch die Schrift gegeben wurde****, wenn ihr ihnen die Brautgabe gebt, und nur für eine Ehe und nicht für Unzucht und heimliche Liebschaften*". Jedoch ist die Heirat mit Polytheisten strikt verboten. So heißt es im Koran 2:221: „***Und heiratet nicht polytheistische Frauen, bis sie gläubig geworden sind***".

Das nicht alle Christen gleich zu bewerten sind, wie oben Elias von Nisibis dargelegt hat, wird im Koran explizit angemahnt: „***Sie sind aber nicht (alle) gleich****. Unter den* **Leuten der Schrift** *gibt es (auch) eine Gemeinschaft, die stets die Verse Gottes zur Zeit der Nacht verlesen und sich dabei niederwerfen. Diese glauben an Gott und an den Jüngsten Tag und gebieten das, was Rechtens ist, und verbieten das Unrecht und wetteifern in guten Werken;* ***und diese gehören zu den Rechtschaffenen. Und was sie an Gutem tun, wird ihnen niemals bestritten****; und Gott kennt die Gottesfürchtigen*" (3:112-115).

Der Koranexeget Prof. Bayraktar Bayrakli schreibt dazu: „***Man darf niemals über die Juden und Christen verallgemeinert reden****. Auch gibt es unter ihnen gläubige und nicht-gläubige Menschen. Der Vers verdeutlicht klar, dass die „****Leute des Buches****" in ihren Gebeten die Bibel und nicht den Koran rezitierten.*[68]

68 Yeni bir anlayisin isiginda Kuran Tefsiri, Bd. 4, S. 326-327.

8. Der Koran – ein literarisches Wunder?

Der Koran erhebt den Anspruch „unnachahmlich" unter allen Büchern

(i´dschaz al Qur´an) zu sein. In Sure 17 Vers 88 heißt es folgendermaßen: *„Sprich: Wenn sich auch die Menschen und die Ginn vereinigten, um diesem Quran etwas Gleiches hervorzubringen,* ***brächten sie doch nichts Gleiches hervor****, selbst wenn sie einander beistünden."*

Das große Wunder des Korans liegt in seinem Stil. Sein Stil sticht sofort ins Auge, denn er ist antiklassisch. Tatsächlich gibt es kein anderes Buch, das die Geschichte der Menschheit so nachhaltig geprägt hat und weiterhin prägt. Der Koran verwendet literarische Methoden, wie zum Beispiel „***Gleichnisse.***"

Die heilige Schrift setzt Gleichnisse ein, um spirituelle Wahrheiten vereinfacht darzustellen, oder um wichtige theologische oder normative Lehren zu Vermitteln. Der Koran will seinen Sinngehalt so leicht wie möglich vermitteln. Die Sure 10:24 kann hier als Beispiel vorgeführt werden:

*„Das Gleichnis des irdischen Lebens ist nur wie das Wasser, das Wir aus den Wolken herabsenden; damit vermischen sich dann die Gewächse der Erde, wovon Mensch und Vieh sich nähren, bis zu ihr -wenn die Erde ihren Prunk angelegt und sich schön geschmückt hat und ihre Bewohner glauben, sie hätten Macht über sie – Unser Befehl in der Nacht oder am Tage kommt und Wir sie zu einem niedergemähten Acker machen, als wäre sie nicht am Tage zuvor gediehen****. Also machen Wir die Zeichen für die Leute klar, die nachdenken.***" Eine weitere literarische Besonderheit des Korans ist es, dass Gott darin unterschiedliche Personalpronomen verwendet, um zur Sprache zu kommen wie **Ich**, **Wir** oder **Er**. Mit diesem Verwirrspiel des Subjekts wird einem anthropomorphen (vermenschlichenden) Verständnis von Gott als einer „Person" entgegengewirkt. So haben die abrupten Wechsel der Personalpronomen offenbar rhetorische Funktionen, darunter aber auch die eines Schockeffekts und werden planvoll eingesetzt.[69] In seinem langjährigen Koran-Studium kam der katholische Gelehrte Prof. Bernhard Uhde zur folgendem Erkenntnis: *Der Koran ist kein Text wie andere Texte, ja nicht einmal wie andere religiöse Texte.* Auch beklagt Uhde, dass durch eine Übersetzung die sprachliche Wucht der Aussagen verloren gehe und bemerkt noch an: *„All diese Erfahrungen gehen mit Übersetzungen in einzelne andere*

69 Jacques Berque. Der Koran neu gelesen. S.121-143.

*Sprachen verloren. Verloren geht aber auch der unnachahmliche Eindruck, den der Vortragsstil des Koran- „**und vorgetragen haben Wir ihn im Vortragsstil**“ (Koran 25:32) als sprachliches und musikalisches Erlebnis, als Partitur gleichsam, erweckt. So muss der Koran in Wahrheit als unübersetzbar gelten, und alle Übersetzungen leisten nur ein Schattenwerk dessen, dessen Sonnenglanz nur im arabischen Original blendend hervortritt.*“[70] Wer Arabisch als Muttersprache spricht, ist von der linguistischen Unnachahmlichkeit (idschaz) des Korans leicht zu überzeugen; denn für Araber ist der Koran ein sprachliches Wunder (mudschiza).[71]

Der englische Gelehrte Charles Le Gai Eaton fasst seinen persönlichen Eindruck vom Koran so zusammen: „*Wie immer man sie auch verstehen mag- oberflächlich oder in die Tiefe gehend -,* ***eine Schrift wie der Koran bietet ein Rettungsseil für Menschen jeder Art****, für die* ***Dummen*** *wie für die* ***Intelligenten****, und begrenzte Interpretationen verringern nicht seine Wirksamkeit, vorausgesetzt, sie befriedigen die Bedürfnisse einzelner Seelen.* ***Kein Buch eines menschlichen Autors kann „für jedermann“ sein.*** *Gerade dies ist jedoch die Funktion einer offenbarten Schrift; und aus diesem Grund kann sie nicht so gelesen werden, wie Werke menschlichen Ursprungs. Sonne und Mond sind für jedermann da- auch der Regen-, aber sie wirken sich auf jeden Einzelmenschen verschieden aus, und letztlich bringen sie einigen Leben und anderen Tor.*“[72] Weiter führt er fort: „*Andere Bücher sind passiv und der Leser ergreift die Initiative, die Offenbarung ist jedoch ein Akt, ein Befehl aus den Höhen-* ***vergleichbar einem Blitz, der nicht der Laune irgend eines Menschen gehorcht****.*“[73] Mittels der 99. und der 82. Sure soll hier zumindest ein Versuch der Demonstration koranischer Ästhetik gemacht werden:

„*Wenn bebend gemacht die Erde von ihrem Beben und herausgibt die Erde ihre Lasten, dann sagt der Mensch: Was ist mit ihr? An jenem Tag wird sie berichten ihre Nachrichten, wie ihr Herr es ihr eingegeben. An jenem Tag kommen die Menschen einzeln hervor, um zu sehen ihre Werke. Wenn einer einem Stäubchen gleich an Gutem getan- der wird es sehen. Und wenn einer einem Stäubchen gleich an Bösem getan- der wird es sehen.*“[74]

---

70 Der Koran, zur Einführung, S. 529-530.
71 Murad Hofmann, Koran Einführung, S. 56-63.
72 Der Islam und die Bestimmung des Menschen, S. 145.
73 Ebd.: S. 146.
74 Sure 99: Übersetzung von Ahmad Milad Karimi, Herder Verlag 2009.

„Wenn der Himmel zerbrochen, wenn die Sterne zerstreut, wenn die Meere aufgebrochen und die Gräber ausgeräumt, weiß jede Seele, was sie getan und was sie versäumt. O du Mensch! Was hat dich betört hinsichtlich deines Herrn, des Edlen, der dich erschuf und dich wohl geformt, in der Gestalt, die Er wollte, dich zusammengesetzt? Nein, ihr leugnet das Gericht! Über euch: Hüter, edle Schreibende, die wissen, was ihr tut. Wahrlich, die Frommen in Freude und die Sünder in Brand, da sie brennen am Tag des Gerichts, und an dem sie nicht abwesend. Was lässt dich wissen, was ist der Tag des Gerichts? Nochmals: Was lässt dich wissen, was ist der Tag des Gerichts? Am Tag, da niemand etwas für einen anderen vermag, ist die Entscheidung Gottes.“[75]

Der berühmte Autor der „**Muqaddima**“ **Ibn Khaldun** (gest. 1406), hat in einem Abschnitt über die Literatur der Araber den Unterschied zwischen Literatur und dem Koran im Allgemeinen besonders herausgearbeitet: *„Bekanntlich teilt sich die arabische Sprache und der Vortrag in zwei Zweige. Der eine ist gereimte Poesie...Der andere Zweig ist Prosa, d.h. nichtmetrischer Vortrag...Der Koran ist Prosa. Jedoch gehört er in keine der beiden Kategorien. Er kann weder reine Prosa noch gereimte Prosa genannt werden. Er ist in Verse unterteilt. Man erreicht Pausen, wo der Geschmack uns sagt, dass die Rede anhält. Sie wird dann wieder aufgenommen und im nächsten Vers* ***„wiederholt“****. (Reim) Buchstaben, welche diese (Art der Rede) zu Reimprosa machen würden, sind nicht obligatorisch, ebenso wenig wie (in der Poesie verwandte) Reime vorkommen. Dieser Zustand ist mit dem Koranvers gemeint: „Gott hat die schönste Botschaft, ein Buch, hinabgesandt, eine sich* ***gleichartig wiederholende Schrift...*** *“ (39:23).*[76]

75 Sure 82: Übersetzung von Ahmad Milad Karimi, Herder Verlag 2009.
76 Ibn Khaldun: Muqaddima, Kairo, S. 424.

Kapitel 2. Der Islam und die Frauen

1. Darf der Mann seine Frau nach Sure 4 vers 34 schlagen?

Eines der schärfsten und heftigsten Angriffsflächen der westlichen Islamkritiker an den Koran, bietet vor allem der berüchtigte Vers 34 der Sure 4 -Nisa (die Frauen) dar:„*Und wenn ihr fürchtet, dass (irgendwelche) Frauen sich auflehnen, dann ermahnt sie, meidet sie im Ehebett und* **schlagt sie**“! In zahlreichen westlichen Publikationen suggeriert dieser Umstand die Grundlage für die **Frauenfeindlichkeit** des Islams. Hier werden nun einige Beispiele in Bezug auf die Koranstelle 4:34 aus ausgewählten Schriften wiedergegeben, denen zufolge der Koran die Züchtigung der Frau ausdrücklich fordern soll:

° „*Als Ernährer der Familie hat der Mann Anspruch auf weiblichen Gehorsam. Widerspruch dagegen ist der Frau nicht erlaubt, ja, diese kann sogar durch* **Schläge gemaßregelt werden.**“[77] Interessanterweise wird diese Publikation durch die Landeszentrale für politische Bildung herausgegeben.

° „*Für den Fall, dass es bei einem Streit zu keiner Einigung kommt, weist der Koran (4:34) den Mann an, seine Frau zunächst zu ermahnen. Kommt sie nicht zur Vernunft, soll er sie im Ehebett meiden, und wenn auch das nichts nützt,* **schlagen.**“[78]

° „*Leider ist das* **Schlagen der Frauen durch ihre Männer weit verbreitet**, *und es fällt vielen Männern natürlich nicht schwer, die Auflehnung ihrer Frauen recht großzügig auszulegen und sich* **für ihre Gewaltanwendung auf den Koran zu berufen.**“[79] In dem ca. 800 Seiten umfassenden Werk „**Islam-Lexikon**“ schreibt der katholische Religionswissenschaftler Professor Adel Theodor Khoury, unter dem Kapitel „Ehe und Familie“ folgendes: „*So ist der Mann das Haupt der Familie und darf von seinen Frauen Gehorsam verlangen. Wenn diese sich auflehnen, dann darf der Mann sie ermahnen und auch*

77 Islamische Kultur und Geschichte, S. 28, Peter Ortag.
78 Zwischen Ramadan und Reeperbahn, S. 38, Rita Breuer.
79 Der Islam, was Christen wissen sollten, S. 41, Pastor Eberhard Troeger.

im Eheverkehr und **durch Züchtigung und Schläge bestrafen**" *(4, 34).*[80]

Tatsächlich weisen einige muslimische Autoren mit Stolz darauf hin, dass der Koran mit dem „**Schlagen**" ein bedeutendes Wunder der modernen Psychologie bereits vor 14 Jahrhunderten vorwegnahm. Das Schlagen einer widerspenstigen Frau, hat nach diesem eine Therapie ähnliche Funktion. Der ägyptische Schriftsteller Dr. Moustafa Mahmoud und Inhaber des Staatspreises von 1996 für seine Literaturwerke, schrieb in seinem vielbeachteten Buch „**Ein Gespräch mit meinem Freund dem Atheisten**" folgendes: *„Bei einer solchen Frau gibt es keine andere Lösung als ihr ihren Stachel zu nehmen und ihre Waffen zu brechen, mit denen sie herrscht. Die Waffe der Frau ist ihre Weiblichkeit. Man entwaffnet sie, indem man das Ehebett verlässt.* **Für die andere Frau, die ihren Genuss in der Unterwürfigkeit und im Schlagen findet, ist das Schlagen ihre Therapie**: *„Und wenn ihr fürchtet, dass (irgendwelche) Frauen sich auflehnen, dann ermahnt sie, meidet sie im Ehebett und* **schlagt sie**" *(4:34). „Ein wissenschaftliches Wunder und eine prägnante Zusammenfassung dessen, was in Bänden der Psychologie über die* **widerspenstige Frau und ihre Therapie steht.**"[81] Der Imam der muslimischen Gemeinde in Penzberg Benjamin Idriz, hält das Schlagen der Frau für einen erheblichen Widerspruch gegen sämtliche Koranverse, in denen zu den Ehefrauen mit „**Liebe und Barmherzigkeit**" begegnet wird. Idriz ist der Ansicht, dass der maßgebliche Begriff in 4:34 „**wadribuhunne**" für Schlagen unzureichend übersetzt wird. So stützt er sich vor allem auf den muslimischen Gelehrten Ihsan Eliacik, der das Schlagen in seiner Koranübersetzung mit „**trennt euch von ihnen für eine Weile**" übersetzt.[82] Ferner schreibt Idriz dazu: *„Wie kann Gott, der – wie wir soeben sahen- in seinem Vers (Koran) 30:21 „***Liebe und Barmherzigkeit***" in der Ehe verlangt, nun das Gegenteil befehlen:* **Schlagt sie***!?Das hieße ja, dass einer der Verse nicht göttlichen Ursprungs ist- da dies aber nicht möglich ist, müssen wir annehmen, dass es sich bei der* **Deutung "Schlagt sie´´! Um einen Fehler handeln muss**". Benjamin Idriz ist wie der bereits erwähnte Theologe Ihsan Eliacik der Ansicht, dass das Schlagen (darabe) in seinem Stamm verschiedene Bedeutungen zum Ausdruck bringen kann, wie zum Beispiel: *„Schlagen, prügeln, machen, lassen, sich trennen, zeigen, tun, platzieren*" usw. *Es gibt auch Stellen im Koran, wo der Stamm* **darabe** *im*

80 Islam-Lexikon, S. 156. Herausgegeben von Adel Theodor Khoury, Ludwig Hagemann und Peter Heine.

81 Ein Gespräch mit meinem Freund dem Atheisten, S. 62-63, Moustafa Mahmoud.

82 Yasayan Kuran, S. 797-798.

*Sinne von „***verreisen, vorübergehend weggehen, öffnen, reservieren***“ verwendet wird. Von diesem Stamm ist z. B. auch das* **arabische Wort für Hungerstreik abgeleitet***:* **al-idrab an al-taam***. Das Wort* **idrab** *hier und das Wort* **wadribuhunne** *im Vers 4:34 kommen vom selben Stamm (d-r-b).* **Warum soll das einmal „sich vom Essen fernhalten“ bedeuten und das andere Mal unbedingt „schlagen***“?* Auch wirft Idriz jenen Koranübersetzer, die es mit **schlagen** übersetzten, unverantwortlich einen großen Fehler zu begehen: *„Auch die wenigen deutschen Koranübersetzungen weisen (wie die Übersetzungen in viele andere Sprachen) für das Wort* **wadribuhunne** *(darabe) die Entsprechung „***Schlagt sie***! Auf, sodass die Übersetzer sowohl* **sprachwissenschaftlich als auch ethisch einen großen Fehler begehen.***“*[83] Gegen diese Annahme widerspricht jedoch vehement ein anderer Sprach- und Literaturwissenschaftler Prof. Nasr Hamid Abu Zaid entgegen. Nach Abu Zaid ist **darabe** korrekt mit schlagen zu übersetzten. Auch liegt die Entstellung von **darabe** mit der Wiedergabe „**sich fernhalten**“ nichts anderes als eine apologetische Grundhaltung, die erst in der Moderne aufgetreten ist: *„Was den späteren Halbsatz „und entfernt euch von ihnen in den Schlafgemächern und* **schlagt sie***“ angeht, gibt es zwar Feministinnen, die das arabische Wort* **daraba** *so verstehen wollen, dass es nicht „***schlagen***“, sondern „***sich fernhalten***“ bedeutet; aber damit stimme ich nicht überein.* **Daraba ist korrekt mit schlagen zu übersetzen***, nach diesem Vers ist es erlaubt, wenn auch nur in einem bestimmten Kontext.*“[84] Die ältesten Koranexegeten verstanden wörtlich den Begriff „**darabe**“ nicht anders als das im herkömmlichen Sinne verstanden wird, nämlich als “das Schlagen“**. Ist mit diesem Schlagen etwa gemeint, dass man einer Frau einen erheblich körperlichen Schaden zufügen darf**? **Mukatil bin Süleyman (gest. 767)** paraphrasiert im ältesten Tafsir-Werk den Koranvers 4:34 in Klammern dahingehend, dass mit „**darabe**“ hauptsächlich gemeint ist, keine Spur von Verletzung zu hinterlassen, also leicht und harmlos zu schlagen.[85] Der Koran beteuert den Muslimen explizit, in den Propheten Muhammad (s) ein schönes Vorbild vorzufinden: *„Im Gesandten Gottes habt ihr doch ein schönes Beispiel, die auf Gott hoffen und sich auf den jüngsten Tag gefasst machen und unablässig Gottes gedenken*“(Koran 33:21). Bekanntermaßen hatte der Prophet nie seine Hand gegen seine Frauen, noch gegen seine Töchter erhoben. In einer Auseinandersetzung mit seinen Ehefrauen (Koran 66:1-5)

83 Benjamin Idriz, Grüss Gott Herr Imam, Eine Religion ist angekommen, S. 150.

84 Mohammed und die Zeichen Gottes, S. 160.

85 Mukatil bin Süleyman, Tefsir-i Kebir, Bd. 1, S. 356, Isaret Yayinlari 2006.

Hz. Aise und Hz. Hafsa, die schließlich bis zu einer Ehekrise führte, entschloss sich der Prophet – wie die Überlieferungen berichten, sie nicht zu schlagen sondern sich von ihnen vorerst fernzuhalten.[86] Im Koran 66:1-5 heißt es dazu: *„Prophet! Warum erklärst du denn im Bestreben, deine Gattinnen zufriedenzustellen, für verboten, was Gott dir erlaubt hat? Aber Gott ist barmherzig und bereit zu vergeben. Gott hat für euch angeordnet, ihr sollt eure (unbedachten) Eide annullieren. Gott ist euer Schutzherr. Er ist der, der Bescheid weiß und Weisheit besitzt.* **Und als der Prophet einer seiner Gattinnen etwas unter dem Siegel der Verschwiegenheit anvertraute. Als sie es dann (trotzdem einer anderen) mitteilte und Gott ihn darüber aufklärte, gab er es teils bekannt, teils ließ er es auf sich beruhen**. *Und als er es dann ihr (selber) mitteilte, sagte sie: "Wer hat dir das kundgetan?" Er sagte: "Er, der Bescheid weiß und (über alles) wohl unterrichtet ist".* **Wenn ihr beiden (Frauen) euch (reumütig) Gott wieder zuwendet (tut ihr gut daran). Euer Herz ist ja abgewichen**. *Wenn ihr jedoch gegen den Propheten zusammensteht (und glaubt, euren Willen durchsetzen zu können, werdet ihr nicht zum Ziel kommen). Gott ist ja sein Schutzherr. Und Gabriel, die Gläubigen, soweit sie rechtschaffen sind, und überdies die Engel werden Helfer sein*". Tatsächlich verbot der Prophet Muhammad (s) übereinstimmend in den Überlieferungen, die Frauen körperlich zu züchtigen. Das kein Mann das Recht hat, seine Frau im wörtlichen Sinne zu schlagen, wird von den Aussagen und Empfehlungen des Propheten Muhammad deutlich unterstrichen: *„Die Frauen sind die Zwillingshälften der Männer. Gott erlegt euch auf, eure Frauen gut zu behandeln, denn sie sind eure Mütter, Töchter und Tanten. Die ihre Frauen schlagen, handeln nicht gut. Gib deiner Gattin gute Ratschläge und schlage sie nicht wie einen Sklaven. Die Rechte der Frau sind heilig.* **Sorge dafür, dass ihr die Rechte gegeben werden, die ihnen zustehen.**[87] Aus diesem Grund werden in einigen Koranausgaben Erklärungen in Fußnoten zu 4:34 gemacht, um besonders vorprogrammierte Missverständnisse zu entschärfen wie beispielhaft: *„Nur auf symbolische Weise, im Interesse der Aufrechterhaltung einer stark gefährdeten Ehe."*[88]

---

86 Ausgiebig und mit verschiedenen Überlieferungen wird davon in Fahruddin er-Razis Mefatihu´l-Gayb, Bd. 21, S. 551-559 Huzur Yayini berichtet.
87 Muslim, Hacc 147, Abu Dawud, Menasik 56, Ibn Mace, Menasik 84, Darimi, Menasik 34 und besonders Qurtubi, el-Camiu li-Ahkami´l-Qur´an, Bd. 5, S. 175-176, Buruc Yayinlari.
88 Der Koran, S. 86, überarbeitet und herausgegeben von Murad Wilfried Hofmann, Verlag Diederichs 2007.

2. Ist der Gesichtsschleier eine Pflicht für die muslimische Frau?

Ein Merkmal und Zeichen der persönlichen Identifikation vieler muslimischer Frauen ist es, einen Gesichtsschleier in der Öffentlichkeit zu tragen. Man könnte an die Burkas, die von Frauen in Afghanistan getragen werden denken, aber auch an den Gesichtsschleier in Saudi Arabien, die einen besonderen Ausdruck der Frömmigkeit nach außen hin ausdrücken soll. Auch auf den Straßen der westeuropäischen Länder ist zunehmend zu beobachten, dass im Gegensatz vor zwanzig Jahren die Anzahl der Frauen deutlich zugenommen hat, die vollverschleiert sind. Frankreich ging sogar so weit, dass durch ein Gesetz, das am 11.04.2011 in Kraft trat, das Tragen einer Burka in der Öffentlichkeit verboten wurde. Tatsächlich gilt der Gesichtsschleier für viele islamische Gelehrte als eine unumgängliche Pflicht, weil vor allem Frauen dadurch in der Öffentlichkeit als Ehrbare gekennzeichnet werden.[89] Die Befürworter eines Gesichtsschleiers berufen sich hauptsächlich auf den Koranvers: *„O Prophet! Sprich zu deinen Frauen und deinen Töchtern und zu den Frauen der Gläubigen,* **sie sollen ihre Übergewänder reichlich über sich ziehen.** *So ist es am ehesten gewährleistet, dass sie (dann) erkannt und nicht belästigt werden. Und Gott ist Allverzeihend, Barmherzig*“ (Koran 33:59). Im Jahre 2006 veröffentlichte die Brandenburgische Landeszentrale für politische Bildung eine Publikation, in der zu dem oben angeführten Koranvers folgender Hinweis gegeben wird: *„Mancherorts bedecken sich die Frauen mit zusätzlichem Mund- oder Gesichtsschleier und lassen gar nur noch- wenn überhaupt!-, ein Auge frei.“*[90]

Unmittelbar nach der Eroberung von Konstantinopel im Jahre 1453, ordnete nun der neue Herrscher Fatih Sultan Mehmet an, dass die muslimischen Frauen nur noch einen weißen oder cremefarbenen Gesichtsschleier zu tragen haben. Im Unterschied zu den byzantinischen Frauen, die ihren Gesichtsschleier hauptsächlich nur in Schwarz trugen, sollte diese Entscheidung des Sultans ein Unterscheidungsmerkmal der religiösen Trägerinnen (Christinnen und Musliminnen) markieren: *„Als Sultan Mehmet 1453 Herrscher von Konstantinopel wurde, sah er sich genötigt, die Verschleierung der osmanischen Frauen neu zu regeln,* **da sich ihre Schleier nicht genügend von denen der christlichen Frauen**

89 El-Camiu li-Ahkami'l-Kur'an, Qurtubi, Bd. 14, S. 187-189.
90 Islamische Kultur und Geschichte, Peter Ortag, S. 29.

unterschieden. Er ordnete an, dass die muslimischen Frauen Istanbuls ein weißes oder cremefarbenes Kopftuch mit einem durchsichtigen Gesichtsschleier der gleichen Farbe tragen sollten, während die Christinnen in schwarzem Tuch zu gehen hatten.“[91]

Für Professor Muhammed Hamidullah (gest. 2002) stellt der Gesichtsschleier eine tiefgehende Weisheit dar. Diese Weisheit lässt sich nach Muhammed Hamidullah wie folgt zusammenfassen:

° Beim Bedecken des Gesichts wird die Schönheit und die junge Haut der Frau bewahrt. Vergleicht man die Haut der Frau, die auf den Feldern arbeitet und der heißen Sonne ausgesetzt ist, mit der Haut der Frau, die ihre Haut durch den Schleier schützt, würde man zweifelsohne den Unterschied erkennen.

° Es gibt Frauen, die sich von Natur aus schämen und sich nicht trauen, anderen Menschen aufgrund ihrer Hässlichkeit zu begegnen. Deshalb würde ihnen das Bedecken des Gesichts eine Möglichkeit einräumen, in der Öffentlichkeit nicht diskriminiert zu werden.[92]

„O Prophet! Sprich zu deinen Frauen und deinen Töchtern und zu den Frauen der Gläubigen, sie sollen ihre Übergewänder reichlich über sich ziehen. So ist es am ehesten gewährleistet, dass sie (dann) **erkannt und nicht belästigt werden**“ (Koran 33:59).

In der Koranausgabe nach der Übersetzung von Dr. Nadeem Elyas und Abdullah Frank Bubenheim, heißt es in einer Fußnote zu dem oben aufgeführten Koranvers: *„Nämlich als freie, ehrbare Frauen, im Gegensatz zu den nicht ehrbaren Frauen.“*[93]

Die Sozialwissenschaftlerin und freie Autorin Dr. Hiltrud Schröter deutet die Fußnote als ein Affront gegen alle unverschleierten Frauen. Denn so könnte leichtfertig geschlussfolgert werden, dass alle nichtverschleierten Frauen als unkeusch stigmatisiert würden: *„Damit stehen also alle Frauen ohne islamischen Schleier im Verdacht, nicht ehrbar zu sein. Das ist eine Beleidigung. Die Aussage lässt die Deutung zu: Unverschleierte Frauen sind Huren und können sexuell benutzt werden.“*[94]

91 Verschleierte Wirklichkeit - Die Frau, der Islam und der Westen, Christina von Braun/Bettina Mathes, S. 75-76.
92 Der Prophet des Islam, Muhammed Hamidullah, S. 892-893.
93 Übersetzungen der Bedeutungen des edlen Qur´an in die deutsche Sprache, S. 534.
94 Das Gesetz Allahs, Hiltrud Schröter, S. 144.

In der islamischen Koranexegese wird der Koranvers 33:59 unterschiedlich gedeutet. Für den pakistanischen Koranexegeten Sayyid Abul Ala Maududi (gest. 1979) besteht indes kein Zweifel daran, dass der Gesichtsschleier für die muslimische Frau eine unabdingbare Pflicht sei: *„Für jeden vernunftmäßigen Menschen wird es ersichtlich sein, dass die Bedeckung der Körperkonturen und des Schmucks (türkisch: zinetleri), mitsamt auch dem* **Gesicht bedeckt werden müssen.**"[95] Die frühesten Korankommentatoren scheinen zur Auslegung des betreffenden Koranverses 33:59 einen Konsens getroffen zu haben. Im ältesten und bis heute überlieferten Tafsir Werk von **Mukatil bin Süleyman (gest. 767)** wird detailliert geschildert, weshalb der Vers 59 der Sure 33 geoffenbart wurde. Hiernach verließen die Frauen abends die Wohnung, um ihre Notdurft draußen zu entrichten. Unbändige Männer lauerten jedoch im Freien auf diese Frauen und belästigten sie sexuell. Etwas später wurde dann im Koran (33:59) geoffenbart, dass von nun an sich die freien Frauen beim Entrichten ihrer Notdurft einen Übergewand über sich anziehen sollten, so dass ihre Gesichter dadurch bedeckt und sie vor allem als freie Frauen erkannt und nicht als Sklavinnen sexuell belästigt wurden.[96] **Ibn Kesir (gest. 1373)** erläutert den geschilderten Koranvers 33:59 mit einer Reihe von Überlieferungsmaterial der ersten Generation der Sahabis (Weggefährten des Propheten). Zumal wird dort ausgiebig berichtet, dass die Frauen nach der Offenbarung des Verses (33:59) nur noch die Augen durch einen Schlitz für das Sehen geöffnet hielten. Eine andere tradierte Überlieferung berichtet, dass von nun an nur noch das linke Auge durch einen Schlitz für das Sehen ermöglicht gewesen sei. Interessant ist unter anderem der Satz in der Überlieferung: *„Durch das Tragen der Übergewänder werden die freien Frauen sowohl von der Zeit der Unwissenheit (cahiliye) und besonders von dem Status der Sklavinnen (cariyeler) abgesondert.*" Von **Mucahit (gest. 723)** wird der folgende Satz überliefert: *„Die freien Frauen sollten die Übergewänder über ihren Haupt anziehen, damit sie als freie Frauen erkannt und nicht wie die Sklavinnen (cariyeler) genötigt werden.*"[97] Für den Theologen Professor Süleyman Ates ist das Tragen eines Niqabs (Gesichtsschleier) eine für die damalige Zeit begründete Maßnahme gewesen. Damals konnte es in seiner Funktion als Schutzmaßnahme gedient haben. Heute gibt es jedoch in der wandelnden Zeit keine religiöse Rechtfertigung mehr dazu. Deshalb wäre es von großer

95 Maududi, Tefhimu´l-Kur´an, Bd. 4, S. 459, Insan Yayinlari.
96 Tefsir-i Kebir, Mukatil ibn Süleyman, Bd. 3, S. 403-404.
97 Tefsir´ul-Kur´an´il-Azim. Bd. 7, S. 557.

Bedeutung, den Gesichtsschleier im historischen Kontext zu verorten. Im Gegenteil dazu schildern sämtliche Koranverse daraufhin, dass das nicht Bedecken des Gesichts auch für die damalige Zeit eine normale Erscheinung für die Frauen darstellte. So heißt es dort: *„Es ist dir nicht erlaubt, künftig (andere) Frauen (zu heiraten), noch sie gegen (andere) Frauen einzutauschen, auch wenn ihre Schönheit dir gefällt"* (Koran 33:52). In diesem Koranvers wird der Prophet Muhammad (s) angesprochen, so dass er ab sofort keine Frau mehr heiraten dürfe. Der Vers erwähnt dabei einen sehr wichtigen Punkt, nämlich, dass der Prophet auch dann nicht heiraten darf, selbst wenn ihre Schönheit ihm gefallen sollte: „**auch wenn ihre Schönheit dir gefällt**" (Koran 33:52). Dies ist ein klarer Hinweis dafür, **dass der Prophet die Frauen mit ihren Gesichtern betrachtete, denn wie sonst könnten ihm die Frauen gefallen haben**? Deshalb wird aus diesem Vers ersichtlich, dass die Frauen im Alltag nicht verpflichtet waren, unter allen Umständen einen Gesichtsschleier zu tragen.[98] Im Hadith-Korpus von **Abu Dawud (gest. 889)** werden zahlreiche Überlieferungen vom Propheten Muhammad (s) tradiert, wonach es in der Pilgerfahrt verboten ist, das Gesicht und die Hände zu bedecken: *„Wenn die Frauen im Weihezustand (auf der Pilgerfahrt) sind, so sollen sie ihre Hände und Gesichter nicht bedecken."*[99] Wenn der Niqab eine absolute Pflicht wäre, so wäre es in der Tat sinnlos, diese auf der Pilgerfahrt zu verbieten. Der muslimische Buchautor Dr. Murad Wilfried Hofmann hofft deshalb sagen zu können, dass der Gesichtsschleier baldigst aus der Öffentlichkeit verschwindet, da der Koran keine religiöse Legitimation für die Frauen darin vorschreibt. Deshalb schlussfolgert er: *„Daher ist der Gesichtsschleier denn auch auf dem Rückzug, auch in Saudi-Arabien, und verschwindet hoffentlich bald ganz."*[100]

98 Süleyman Ates, Gercek Din bu, Bd. 1, S. 75.
99 Sunen Abu Dawud, Bd. 2, S. 682, Erkam Yayinlari.
100 Der Islam im 3. Jahrtausend, Verlag Diederichs, S. 146.

3. Ist die Geschlechtertrennung religiös begründet?

In vielen muslimischen Gesellschaften wird zunehmend im öffentlichen Raum, ein gewisses Maß an Geschlechtertrennung praktiziert. Den Vorlesungen männlicher Professoren in Saudi-Arabien zum Beispiel, folgen Studentinnen über Videogeräte und stellen ihre Fragen telefonisch. Die Benutzung der Universitätsbibliotheken erfolgt in Geschlechtertrennung.[101]

Ist die Praxis der Geschlechtertrennung auf religiöse oder auf traditionell-kulturelle Ursprünge zurückzuführen?

Die Befürworter für die Absonderung der Frauen im öffentlichen Leben, beziehen sich hauptsächlich auf den folgenden Koranvers:

O ihr, die ihr glaubt! Betretet nicht die Häuser des Propheten, es sei denn, dass euch zu einer Mahlzeit (dazu) Erlaubnis gegeben wurde. Und wartet nicht (erst) auf deren Zubereitung, sondern tretet (zur rechten Zeit) ein, wann immer ihr eingeladen seid. Und wenn ihr gespeist habt, dann geht auseinander und lasst euch nicht aus Geselligkeit in eine weitere Unterhaltung verwickeln. Das verursacht dem Propheten Ungelegenheit, und er ist Scheu vor euch, jedoch Allah ist nicht Scheu vor der Wahrheit. ***Und wenn ihr sie (seine Frauen) um irgendetwas zu bitten habt, so bittet sie hinter einem Vorhang. Das ist reiner für eure Herzen und ihre Herzen*** (33:53). Die christliche Publizistin und Leiterin des „Institut für Islamfragen" Christine Schirrmacher, kommentiert den Vers wie folgt: „*Die eingeschränkte Bewegungsfreiheit der Frau hat ihre Wurzel außer im Koran auch in der islamischen Denkvoraussetzung, dass die Frau die Verführerin des Mannes ist, die das größere, schwerer zu zügelnde sexuelle Verlangen hat. Ihr Ehemann und die Gesellschaft müssen daher das Verhalten der Frau beständig kontrollieren. ..****Kontakte zu nicht verwandten Männern kämen einer Einladung zu Ehebruch und Unzucht gleich****.*"[102] Nach den Anführungen von Schirrmacher müssten muslimische Männer nur an das eine denken! In ihrem Weltbild von muslimischen Männern werden Frauen beständig nur als begehrenswerte Sexobjekte wahrgenommen. Der Vers „***Und wenn ihr sie (seine Frauen) um irgendetwas zu bitten habt, so bittet sie hinter einem Vorhang. Das ist reiner für eure Herzen und ihre Herzen***" ordnete eine Trennung von offiziellen und privaten Räumen des

---

101 Der Islam in der Gegenwart, S. 644.
102 Kleines Lexikon zur islamischen Familie, S. 100.

Propheten an, um die Intimität des Familienlebens vor dem Ansturm der Bittsteller und sonstiger Besucher zu schützen. Zur damaligen Zeit gab es noch keine Türen. Die bedürftigen Menschen gingen damals eigenwillig in das Haus des Propheten ein, um ihren Hunger mit Nahrung zu stillen.[103]

Nach der Offenbarung des Verses, war es niemandem mehr erlaubt, spontan und ohne Ankündigung die Wohnung des Gesandten zu betreten: „*O ihr, die ihr glaubt! Betretet nicht die Häuser des Propheten, es sei denn, dass euch zu einer Mahlzeit (dazu) Erlaubnis gegeben wurde. Und wartet nicht (erst) auf deren Zubereitung, sondern tretet (zur rechten Zeit) ein, wann immer ihr eingeladen seid. Und wenn ihr gespeist habt, dann geht auseinander und lasst euch nicht aus Geselligkeit in eine weitere Unterhaltung verwickeln. Das verursacht dem Propheten Ungelegenheit, und er ist Scheu vor euch, jedoch Allah ist nicht Scheu vor der Wahrheit.* ***Und wenn ihr sie (seine Frauen) um irgendetwas zu bitten habt, so bittet sie hinter einem Vorhang. Das ist reiner für eure Herzen und ihre Herzen***“ (33:53). Wie ist es jedoch heute dazu gekommen, dass besonders viele Männer und Frauen eine Geschlechtertrennung bevorzugen und dies vor allem auch religiös legitimieren? Der Koran tradiert die Geschichte vom Propheten Abraham (a), als dieser einen Engel in männlicher Gestalt als Besucher empfing. Erstaunlicherweise war seine Frau auch zugegen und unterhielt sich ohne Scheu mit den männlichen Gästen: „***Und es kamen Unsere Gesandten mit froher Botschaft zu Abraham****. Sie sprachen: "Friede!" Er sagte: "Friede!" und es dauerte nicht lange, bis er ein gebratenes Kalb herbeibrachte. Als er aber sah, dass ihre Hände sich nicht danach ausstreckten, fand er sie befremdend und empfand Furcht vor ihnen. Sie sprachen: „Fürchte dich nicht; denn wir sind zum Volk Lots entsandt worden."* ***Und seine Frau stand dabei und lachte, worauf Wir ihr die frohe Botschaft von (ihrem künftigen Sohn) Isaak und von (dessen künftigem Sohn) Jakob nach Isaak verkündeten. Sie sagte: "Ach, wehe mir! Soll ich ein Kind gebären, wo ich doch eine alte Frau bin und dieser mein Ehemann ein Greis ist? Das wäre wahrlich eine wunderbare Sache***." Die Geschichte von Abraham und seinen Gästen belegen zweifelsfrei, dass selbst in patriarchalen Epochen, der monotheistische Glaube keine Geschlechter-trennung infizierte.[104] Für zahlreiche Theologen ist auch die Koranstelle 24:61 ein Hinweis darauf, dass Frauen und Männer gemeinsam an einem Tisch

103 Bayraktar Bayrakli, yeni bir anlayisin isiginda, Bd. 15, S. 335-338.
104 Süleyman Ates, Yüce Kuranin Cagdas Tefsiri, Bd. 4, S. 319-321.

speisen dürfen. Außerdem habe kein Mensch das Recht, die Religion in Bezug auf den Umgang der Geschlechter restriktiv zu indoktrinieren: *„Kein Vorwurf trifft den Blinden, noch trifft ein Vorwurf den Gehbehinderten, kein Vorwurf trifft den Kranken oder euch selbst, wenn ihr in euren eigenen Häusern esst oder den Häusern eurer Väter oder den Häusern eurer Mütter oder den Häusern eurer Brüder oder den Häusern eurer Schwestern oder den Häusern eurer Vatersbrüder oder den Häusern eurer Vatersschwestern oder den Häusern eurer Mutter- Brüder oder den Häusern eurer Mutterschwestern* ***oder in einem (Haus), dessen Schlüssel in eurer Obhut sind, oder (in dem Haus) eures Freundes. Es ist keine Sünde für euch, ob ihr nur zusammen oder getrennt esst***" (Koran 24:61).[105] Die Professorin für Soziologie, Fatima Mernissi, hat die räumliche Geschlechtertrennung als eine Strategie zur Konfliktvermeidung bezeichnet, wobei aus männlicher Perspektive der Konflikt immer von der Frau ausgehe. **Ihre Sexualität verursache Chaos (fitna) und bedrohe den Mann in seiner sozialen Identität.**[106] Auch der Dozent für Vergleichende Religionswissenschaft Malise Ruthven, ist folgender Ansicht: "***Die Absonderung der Frauen wird mit der Furcht vor ihrer sexuellen Macht begründet.***"[107] Der sudanesische Politiker und religiöser Führer Hasan at-Turabi ist der Ansicht, dass den Frauen durch Segregation und Isolation von der allgemeinen Gesellschaft die größte Ungerechtigkeit angetan werde: ***„Der Islam verlange keine generelle Geschlechtertrennung"*** so at-Turabi. Eine Hausfrau könne die männlichen Gäste ihres Mannes empfangen, bewirten und mitunterhalten. Auch sieht er kein Problem dabei, wenn die Frau zur Begrüßung die Hand der Gäste schüttelt.[108] Qasim Amin (1863-1908) schrieb bereits 1901 in seinem aufsehenerregenden Buch „**Die neue Frau**" (al-Mar´a al-jadida), **dass ein Volk sich nur progressiv dann entwickeln kann, wenn es den Frauen nicht nahezu alle Bildungsmöglichkeiten und die Teilhabe am öffentlichen Leben versage. Die Segregation der Frauen, sei der Hauptgrund für die Rückständigkeit der islamischen Welt.**[109] Muslimische Intellektuelle wie der Schweizer Philosoph Tariq Ramadan, betonen in zahlreichen Veröffentlichungen, welche Stellung die Frauen noch zu Lebzeiten des Propheten innehatten. So partizipierten sie aktiv im

105 Vgl. auch "Der verfälschte Islam", Yasar Nuri Öztürk, S. 108.
106 Mernissi, Spatial Boundaries, S. 496.
107 Der Islam, S. 141.
108 At-Turabi, Woman, Islam and Muslim Society, London 1991, S. 24-40.
109 Wiebke Walther, Die Situation von Frauen in islamischen Ländern, S. 641.

öffentlichen Leben. Sie besuchten die Moscheen und beteten im hinteren Bereich hinter den Männern. Ramadan kritisiert vehement die Zustände, denen die Frauen heute ausgesetzt sind: *„In der Moschee in Medina befanden sich die Männer im vorderen Teil des Raumes, die Frauen weiter hinten, weil das Gebet Bescheidenheit erfordert. Aber immerhin be-fanden sich beide Geschlechter in einem Raum, und es war Frauen erlaubt, ihre Meinung zu äußern.“*[110] *„Oft fehlt es in Moscheen ganz und gar an für Frauen vorgesehene Räumlichkeiten, und falls Räume vorhanden sind, befinden diese sich nicht selten in desolaten Zustand. In ihrer Beengtheit, miserablen Ausstattung und schlechten Instandhaltung legen sie sogar den Gedanken nahe, ihr eigentlicher Zweck bestehe eigens darin, Frauen von einem Besuch der Moschee abzuhalten.“*[111] Tariq Ramadan richtet nun eine harsche Kritik an die gläubigen Männer, die für ihn die Hauptschuld für diese negative Entwicklung beitragen: *„Aber nicht nur der Zugang zur Moschee wird den Frauen erschwert, häufig ist ihnen auch die Beteiligung an der Gemeindearbeit verwehrt. Die Gemeinderäte und die Leitenden Positionen in den für die Organisation der Gebetshäuser zuständigen Verbänden sind fast ausschließlich von Männern besetzt.“*[112] Für die renommierte Religionswissenschaftlerin und Bestseller Autorin Karen Armstrong, wurde die Geschlechtertrennung erst einige Generationen nach dem Propheten eingeführt. Frauenfeindliche Praktiken nahmen überwiegend durch die Berührung und Beeinflussung mit anderen Kulturen zu. Armstrong beschreibt: ***„Diese Bräuche wurden drei oder vier Generationen nach dem Tode des Propheten angenommen. Die damaligen Muslime kopierten damit die griechischen Christen von Byzanz, die ihre Frauen seit langem verschleiert und weggeschlossen hatten; auch übernahmen sie teilweise deren christliche Frauenfeindschaft.*** *Der Koran macht Frauen und Männer zu Partnern vor Gott, wobei beide identische Pflichten und Verantwortung haben.*[113] In der „Encyclopedie de l´Islam wird die Beschreibung von Armstrong detaillierter untersucht, in dem sie die genauen Anfänge der Frauenfeindlichen Tendenzen definiert: *„Dieser Brauch, der, so scheint es, bei den alten Bewohnern des Hidschas unbekannt war, soll durch die Ummayaden in den Islam eingeführt worden sein, wahrscheinlich unter dem Einfluss der sassanidischen Zivilisation (...)* ***Muawiya (gest. 680) und***

110 Buhari, Bd. 2, S. 195. Muslim, Bd. 2, S. 118.
111 Radikale Reform, S. 294.
112 Radikale Reform, S. 294-295.
113 Kleine Geschichte des Islam, S. 31.

seine Nachfolger waren durch einen Vorhang, Sitara und Sitr, von ihren Vertrauten getrennt. *Es handelt sich dabei um einen Brauch, der sich schließlich zur Institution entwickelte.* ***Dieser Brauch, der uns heute fremdartig erscheint, wurde seit Muawiya, dem fünften Kalifen, praktiziert.***[114]

114 Encyclopedie de l´Islam, Artikel Hijab. Vgl. auch: Der politische Harem, S. 125.

4. Verführte Eva Adam?

Eines der grundlegendsten Verunglimpfungen gegen die Frauen in der Menschheitsgeschichte ist zweifelsohne die Rolle von Eva als Prototyp einer Verführerin. Seit Jahrtausenden wird den Frauen der Vorwurf gemacht, ein Pakt mit dem Teufel geschlossen zu haben. Eva habe sich vom Satan beeinflussen lassen und anschließend auch ihren Mann Adam von den Früchten "vom Baum der Erkenntnis" zum Essen verleitet. Laut der Bibel sprach Satan in der Gestalt einer Schlange zu Eva:

"*Da sprach die Schlange zum Weibe: Ihr werdet keineswegs des Todes sterben.. Und das Weib sah, dass von dem Baum gut zu essen wäre und dass er eine Lust für die Augen wäre und verlockend, weil er klug machte.* ***Und sie nahm von der Frucht und aß und gab ihrem Mann, der bei ihr war, auch davon, und er aß.***"

"*Da sprach Adam: Das Weib, dass du mir zugesellt hast, gab mir von dem Baum, und ich aß. Da sprach Gott der Herr zum Weibe: Warum hast du das getan?* ***Das Weib sprach: Die Schlange betrog mich, so dass ich aß***" (Genesis 3: 4-13).

Im biblischen Bericht trägt die Frau die Last dieser Verfehlung und als Strafe vermehrt Gott ihre Qualen bei der Geburt:

"*Und zum Weibe sprach er: Ich will dir viel Mühsal schaffen, wenn du schwanger wirst; unter Mühen sollst du Kinder gebären und dein Verlangen soll nach deinem Manne sein, aber er soll dein Herr sein*" (Genesis 3: 16). Das Neue Testament der Christen unterstreicht die Version im Alten Testament. So heißt es dort in verschiedenen Stellen:

"*Ich fürchte aber, dass,* ***wie die Schlange Eva verführte mit ihrer List,*** *so auch eure Gedanken abgewendet werden von der Einfalt und Lauterkeit gegenüber Christus*" (2. Korinther, 11:3).

"***Und Adam wurde nicht verführt, die Frau aber hat sich zur Übertretung verführen lassen***" (1. Timotheus, 2:14).

Ausgehend von diesen Überlieferungen kamen im Mittelalter christliche Würdenträger zum folgenden Entschluss:

"Die Frau ist die Tochter der Falschheit; eine Schildwache der Hölle; der Feind des Friedens; ***durch sie verlor Adam das Paradies.****"*[115]

*"****Die Frau ist das Werkzeug des Teufels****, dessen er sich bedient, um von unseren Seelen Besitz zu ergreifen."*[116]

Die Geschichte von Adam und Eva wird auch im Koran in vielen unterschiedlichen Suren behandelt. Erstaunlicherweise widerspricht der Koran fundamental der biblischen Version. Danach war es nicht Eva, sondern Adam ließ sich vom Satan verführen:

"***Doch Satan flüsterte ihm zu und sagte: O Adam****! Soll ich dich zu dem Baume der Ewigkeit und in ein Reich führen, das nie vergeht? Und sie aßen beide davon*" (Koran, 20:120).

Der Koranexeget Mawdudi (gest. 1979) schreibt dazu: "***Beachte, dass in diesem Vers die Rede davon ist, dass Satan Adam verführte und nicht in erster Linie Eva****. Nach Sure 7:20 wurden beide in Versuchung geführt und fielen ihr zum Opfer. Dies steht im Gegensatz zum biblischen Bericht in Genesis 3:3-9, wo Satan erst die Frau verführte und diese dann den Mann."*[117] Für die meisten muslimischen Autoren steht es zumindest fest, dass Adam und Eva gemeinsam handelten.[118] Doch wenn die Koranverse im Zusammenhang betrachtet werden, so geht aus ihnen eindeutig hervor, dass Adam Eva zur Übertretung der Grenzen zum "Baum der Erkenntnis" suggerierte.

"***Doch Satan flüsterte ihm zu und sagte: O Adam****! Soll ich dich zu dem Baume der Ewigkeit und in ein Reich führen, das nie vergeht? Und sie aßen beide davon*" (Koran, 20:120).

"***Und (also) gehorchte Adam seinem Erhalter nicht, und also verfiel er in schlimmen Irrtum***" (Koran, 20:121).

Diese Koranverse entkräften den Vorwurf gegenüber der Frau, dass sie das schwache Geschlecht sei. Insofern hat der Koran im Vergleich zur Bibel das Ansehen der Frau "rehabilitiert".

---

115 Hl. Johannes von Damaskus (gest. 754). Zitiert nach: Islam und Christentum, S. 141, Ulfat Samad.
116 Hl. Cyprian, Islam und Christentum, S. 141.
117 Tefhimul Kuran, Bd. 3, s. 281.
118 Koran- Einführung, S. 86, Murad Hofmann.

5. Wie alt war Aischa als sie den Propheten heiratete?

Ohne Zweifel kann behauptet werden, dass die Heirat des Gesandten Gottes mit Aischa (r) aufgrund ihres Alters, ihm die größte Kritik gebracht hat. Die Kritik geht sogar soweit, dass viele seine Prophetenschaft in Frage stellen und sogar gegenüber dem Islam eine ablehnende Haltung einnehmen. Nicht zuletzt wurde ihm vorgeworfen, dass er pädophile Eigenschaften habe. Annemarie Schimmel schrieb bereits 1981 in ihrem Buch "Und Muhammad ist Sein Prophet" folgendes: ***"denn mehr als irgendeine andere historische Gestalt hat Muhammad in der christlichen Welt Furcht, Hass, ja Verachtung erregt."***[119] Die Mehrheit der nicht-muslimischen Islamforscher ist sich darüber einig, dass der Prophet Aischa (r) heiratete, als sie noch 9 Jahre alt war.[120] Eine Minderheit der Religionswissenschaftler geht sogar einen Schritt weiter und behauptet, dass sie erst 6 Jahre alt war, als sie die Eheschließung vollzogen.[121] Den in der University of California lehrenden Islamwissenschaftler Reza Aslan stört das Heiratsalter weniger, denn die Umstände und Lebensbedingungen waren damals eine andere als heute. Deshalb ist es nicht angebracht, nach heutigen Maßstäben darüber zu urteilen. Aslan schreibt: ***"Und so schockierend Muhammeds Verbindungen mit einem 9 jährigen Mädchen für unser heutiges Empfinden sein mag, so handelte es sich hier doch lediglich um ein Eheversprechen, eine Art Verlöbnis. Aischa (r) vollzog die Ehe mit Muhammed erst, als sie die Pubertät erreicht hatte, in einem Alter also, in dem in Arabien ausnahmslos jedes Mädchen als reif für die Ehe angesehen wurde."***[122]

In den wichtigsten Hadith- Sammlungen der Sunniten, wie al-Buhari (gest. 870)[123], Muslim (gest. 875)[124] und Abu Dawud (gest. 889)[125] wird das Heiratsalter von Aischa einstimmig mit 9 Jahren überliefert.

Vollzog tatsächlich der 53 jährige Prophet die Ehe mit Aischa, als sie erst noch 9 Jahre alt war? Stimmen die Überlieferungen alle überein, oder gibt es in den schriftlichen Aufzeichnungen auch Widersprüche? Was sagt der Koran

119 Und Muhammad ist Sein Prophet S. 7.
120 Der Islam, Louis Gardet, S. 16. Siehe auch: Mohammed, Tilman Nagel, S. 328.
121 Karen Armstrong, Muhammad, S. 196.
122 Kein Gott außer Gott, S.85.
123 Manaqib al-Ansar, 20, 44.
124 Nikah, S. 71; Fada´il as-Sahaba S. 74.
125 Adab, S.55.

dazu?

Nicht-Muslime konfrontieren die in der Diaspora lebenden Muslime mit der Nicht- Übereinstimmung des westlichen Verständnisses der Eheschließung des Propheten mit Aischa. Erst ab der zweiten Hälfte des 20. Jahrhunderts begannen muslimische Wissenschaftler aufgrund dieser Vorwürfe, die tradierten Überlieferungen einer historisch-kritischen Forschung zu unterziehen. Kritiker dieser Überlieferungen stützen sich hauptsächlich auf den Koranvers 4:6, wonach diesem eine Heirat von Kindern ausgeschlossen wird: "*Und prüft die Waisen, bis* **sie die Ehereife erreicht haben**; *und wenn ihr in ihnen* **Vernunft wahrnehmt**, *so händigt ihnen ihr Gut aus. Und zehrt nicht auf verschwenderisch und in Eile (in der Erwartung), dass sie nicht großjährig würden"* (4:6).

In diesem Vers wird unmissverständlich dargelegt, dass eine Ehefähigkeit einsetzt, wenn bei ihnen Vernunft festgestellt wird. Der türkische Theologe Prof. Süleyman Ates schreibt hierzu: *„Es kann allgemein angenommen werden, dass ab einem Alter von* ***fünfzehn,*** *die Geschlechtsreife eintritt. In einem Hadith wird überliefert, dass ein Junge mit* ***vierzehn Jahren*** *in einem Feldzug sich beteiligen wollte, doch der Prophet es ablehnte.* ***Erst ab dem fünfzehnten Lebensjahr durften sie sich an Feldzügen beteiligen.***"[126]

Nach Imam Abu Hanifa (gest. 767) erreicht der Mensch seine Mündigkeit mit achtzehn Jahren und die Vernunft ist die Voraussetzung für die Mündigkeit.[127]

Ein zweiter wichtiger Punkt der Unstimmigkeiten innerhalb der Überlieferungen ist, dass Abu Bakrs erste Tochter Asma (Schwester von Aischa) im Jahre 595 geboren wurde, also 27 Jahre vor der Auswanderung (Hidschra) der Muslime nach Medina, die im Jahre 622 stattfand. Zum Zeitpunkt der Hidschra war sie verheiratet mit Zubayr ibn Awwam und im sechsten Monat schwanger.[128] Ihr Sohn Abdullah wurde drei Monate später in Quba geboren, während der Migration nach Medina. Der Altersunterschied zwischen Aischa und ihrer Schwester Asma betrug 10 Jahre.[129] Demzufolge muss Aischa im Jahre 605 geboren (595 + 10= 605) und zum Zeitpunkt der Hidschra ca. 17 Jahre alt gewesen sein (27-10= 17) . Da ihre Hochzeit sechs, sieben oder acht Monate nach der Hidschra oder unmittelbar nach der Schlacht von Badr stattfand, müsste Aischa damals 17 oder 18 Jahre alt

126 Abu Dawud, Hudud; Süleyman Ates: Bd. 2, S.17.
127 Tefsiru ayati'l-ahkam Bd.2, S.31.
128 Nawawi, Tahzib al-Asma, Bd. 2, S. 597.
129 Bayhaqi, Sunan, Bd. 6,S. 204.

gewesen sein.[130]

Der Schriftsteller Resit Haylamaz kommt zum folgenden Ergebnis: "***Eine Analyse der Informationen, die uns heute zur Verfügung stehen, ergibt jedoch, dass alles dafür spricht, dass Aischa um das Jahr 605 geboren wurde, im Alter von 14 oder 15 verlobt wurde und im Alter von 17 oder 18 geheiratet hat.***"[131]

Die Ergebnisse der heutigen muslimischen Quellenforschung machen die Widersprüchlichkeit in den Überlieferungen deutlich und zeigen die Notwendigkeit der Überprüfung des Quellenmaterials.[132] Inwieweit sich diese Forschungsergebnisse sowohl in den westlichen Ländern als auch in der muslimischen Welt durchsetzen werden, bleibt abzuwarten.

130 Ibn Sa´d, Tabaqat, Bd. 8, S. 58.
131 Müminlerin annesi, Hz. Aise, 2009.
132 Enbiya Yildirim, Hadis Problemleri, Ragbet Yayinlari 2000.

6. Wie wurden die Frauen aus den Moscheen verbannt?

Das Institut für Demoskopie in Allensbach veröffentlichte 2006 in einer breit angelegten Studie, dass 94 Prozent der Deutschen den Islam für frauenfeindlich halten.[133]

Wie ist der Islam zu diesem Ruf gekommen? Gibt es in der Basis dieser Religion Elemente, die das Fazit der Studie befürworten? Für den Publizisten und Islamwissenschaftler Reza Aslan liegt der Grund für das negative Ergebnis der Meinungsumfragen in der Frühzeit des Islam. Besonders mit dem Amtsantritt des zweiten Kalifen Umar al-Khattab (gest.644) verschlechterte sich die Situation laut Aslan: „***Umars frauenfeindliche Tendenzen kamen in dem Moment zum Vorschein, als er die Führung der muslimischen Gemeinschaft übernahm***. *Erfolglos versuchte er, den Wirkungskreis der Frauen auf das Haus zu beschränken und sie von der Teilnahme am Gottesdienst in der Moschee auszuschließen. Er führte getrennte Gebete ein und ordnete- in unmittelbarem Verstoß gegen das Beispiel des Propheten- die religiöse Unterweisung der Frauen durch männliche Lehrer an.*“[134] Der erste Ansatz war, die Frauen von dem Freitagsgebeten zu entbinden, so dass sie von den Moscheen strukturell verbannt wurden. Der berühmte muslimische Historiker aus dem 9. Jahrhundert Ibn Saad schreibt über das Freitagsgebet zu der Zeit des Propheten folgendes: „***Und beim Freitagsgebet kamen alle zusammen, Männer und Frauen, um zu beten, um die letzten Neuigkeiten zu erfahren, um sich belehren und unterweisen zu lassen***.“[135] Doch zweihundert Jahre später veröffentlichte der hanbalitische Gelehrte Ibn Al-Dschawzi ein Werk mit dem Namen „Kitab acham an-niss´aia“ in dem er die Überschrift aufführte: „**Dürfen die Frauen überhaupt die Moschee betreten**?“ Seine Antwort: „*Wenn eine Frau befürchten muss, dass sie die Männer verwirrt, dann verrichtet sie ihre Gebete besser zu Hause.* ***Das Freitagsgebet ist für die Frauen keine Pflicht***.“[136] Obwohl der Koran beide Geschlechter zum Freitagsgebet (türk. Cuma namazi) verpflichtet, hat sich doch bei der überwiegenden Mehrheit der Muslime die Ansicht durchgesetzt, dass nur die Männer davon betroffen seien. Allerdings ist im Koran keine

133 Allahs langer Schatten, Michael Lüders, 2007, S.7.
134 Kein Gott außer Gott, S.91.
135 Ibn Saad, At- tabqat al-kubra, Beirut 1980, Bd. 1, S. 247.
136 Ibn al-Dschawzi, Beirut, 1981, S. 201-209.

Differenzierung der Geschlechter festzustellen, im Gegenteil: „***O ihr, die ihr glaubt, wenn zum Freitagsgebet gerufen wird, dann eilt zum Gedenken Gottes und stellt den Handel ein****. Das ist besser für euch, wenn ihr es nur wüsstet*" (Koran 62:10). In den Hadith-Sammlungen von Abu Dawud (gest.889), wird eine Überlieferung tradiert, die das Schicksal der Frauen bis heute noch maßgeblich bestimmt. So heißt es dort: „*Das Freitagsgebet ist eine Pflicht (Wadjib) für jeden Muslim, bis auf folgende vier: Ein Sklave oder eine* ***Frau*** *oder ein Kind oder ein Kranker.*"[137] Obwohl der Koran und die Lebensweise (sunna) des Propheten deutlich machen, dass auch für die Frauen das Freitagsgebet verpflichtend ist, so wurde doch der oben erwähnte Hadith wichtiger und normativer eingestuft als alles andere. Der Gesandte Gottes ermahnte bei Gelegenheit die Männer seiner Gemeinschaft (umma) mit den Worten: „**Verwehrt den Frauen nicht den Zutritt zu den Moscheen Gottes.**"[138] Für die amerikanische Koranwissenschaftlerin Amina Wadud strebt der Islam mit dem erfolgreichen Beispiel des Propheten Muhammad (s) einen „**sozialen Egalitarismus**" an.[139] Der Schweizer Philosoph Tariq Ramadan stellt verblüffend fest, dass „***die schönen theoretischen Diskurse der Männer nie den Problemen im Alltag der Frauen abgeholfen haben***."[140] Was die Frauen seit den Anfängen des Islam, besonders in den Jahren 622 bis 632 geleistet haben und alles, was sie im allgemeinen betrifft, wird von Abd Al-Halim Abu Schuqqa in „**Tahrir Al-ar´a Fi´Asr Ar-Risala**" (Die Befreiung der Frau zur Zeit der Offenbarung) in sechs Bänden ausführlich dargelegt. Neuerdings ist auch eine türkische Übersetzung im Jahre 2011 unter den Namen „**Islam Kadin Asiklopedisi**" von Düsün Yayincilik veröffentlicht worden. Einflussreiche Rechtsgelehrte wie Yusuf Al-Qaradawi und Muhammad Al-Ghazali schrieben selbst einen Vorwort dazu, um auf die Wichtigkeit des Buches aufmerksam zu machen. Es bleibt für die deutschsprachigen Interessierten zu hoffen, dass auch sie irgendwann einmal in den Genuss dieses Werkes kommen.

137 Abu Dawud, Salat 215.
138 Ibn Hadschar al-Asqalani, Bd. 3, S. 34. 1959.
139 Quran and Woman: Rereading the Sacred Text from a Woman´s Perspective, New York 1999.
140 Der Islam und der Westen, 2000, S. 100.

7. Kann eine Frau aus islamischer Sicht Regierungschefin werden?

In den islamischen Kernländern wie Saudi Arabien oder auch Iran beobachtet man, dass an der Staatsspitze nur Männer vorhanden sind. Für die Mehrheit der islamischen Gelehrten ist die Sachlage eindeutig, dass keine Frau als Regierungschefin oder als Spitze eines Staatsoberhauptes stehen darf. Ihre Thesen und Meinungsbildungen stützen sich auf eine maßgebliche Propheten- Überlieferung: ***„Lan yuflicha qaumun wa lau amrahum imra`a***" zu Deutsch: ***„Niemals werden Leute erfolgreich sein, die eine Frau zu ihrem Herrscher machen.***"[141]

Einige muslimische Denker halten diesen Hadith für fragwürdig, wie etwa der deutsche Muslim Murad Wilfried Hofmann: *„Es handelt sich um ein sehr spät von Abu Bakrah (nicht zu verwechseln mit dem 1. Kalifen Abu Bakr) während der „Schlacht des Kamels" zwischen Aisha und Ali überliefertes und von Al-Bukhari übernommenes, in der damaligen Situation politisch verdächtig zweckmäßiges Hadith.*"[142] Die meisten orientalischen Männer halten Frauen gleichwohl für irrationaler als sich selbst und stärker von Emotionen bestimmt. Welche Kriterien werden in der Heiligen Schrift aufgeführt und behandelt? Können Frauen unter keinen Umständen Staatsoberhäupter werden?

Zwei Koranstellen legen die Vorraussetzungen offen dar und erläutern, welche Eigenschaften vorhanden sein müssen, um in die Verantwortung des Staatsoberhauptes eintreten zu dürfen:

„Und ihr Prophet sagte zu ihnen: "Wahrlich, Allah hat bereits Saul zum König über euch eingesetzt." Da fragten sie: "Wie kann ihm die Herrschaft über uns zustehen, wo wir doch das (größere) Anrecht auf die Herrschaft haben als er und ihm nicht genügend Besitz gegeben ist?" Er sagte: "Wahrlich, Allah hat ihn vor euch auserwählt ***und hat ihm reichlich Wissen und körperliche Vorzüge verliehen.*** *Und Allah gibt Seine Herrschaft, wem Er will. Und Allah ist Allumfassend, Allwissend"* (2:247).

Der andere Vers lautet: *„Er (Jusuf) sagte: "Setze mich über die Schatzkammern des Landes ein; denn ich bin ein* ***wohl erfahrener Hüter****."*

Die Koranverse machen deutlich, dass drei Kriterien vorhanden sein müssen, um an der Staatsspitze zu stehen:

141 Al-Bukhari, Bd. 9, S. 88.
142 Den Islam verstehen, S. 198.

1. Wissen, 2. Körperliche wie geistige Gesundheit und 3. die Erfahrung.

Aus diesem Grund geht der damalige Religionsminister der Türkei, Süleyman Ates davon aus, dass der oben zitierte Hadith eine Fälschung ist[143], da sie gegen grundlegende Prinzipien des Koran widersprechen, wie z.B. die positive Erwähnung der Königen von Saba (Belqis): „*Siehe, ich fand dort eine* ***Frau**, die über **sie herrscht**. Sie verfügt über alle Dinge im Überfluss und **besitzt einen herrlichen Thron***" (Koran, 27:23-24). Die marokkanische Soziologin Fatima Mernissi bemühte sich um den Nachweis, dass es in der muslimischen Geschichte **Frauen in Regierungsverantwortung** gegeben habe. Die Mameluken- Sultanin **Schadschara ad-Dur regierte 1250 in Kairo nur für ein paar Monate**. Und auch **Radia, von 1236 bis 1240 auf dem Moghulen- Thron in Delhi**, blieb eine die Regel bestätigende Ausnahme.[144]

Hieraus erschließt sich, dass es letztendlich um die Kompetenz der betroffenen Personen geht und nicht um das Geschlecht.

---

143 Gercek Din Bu, Bd. 2, S.85-86.

144 Herrscherinnen unter dem Halbmond. Die verdrängte Macht der Frauen im Islam.

8. Kann das rituelle Gebet von Frauen geleitet werden?

Als im Jahre 2005 die Universitätsprofessorin Amina Wadud, das obligatorisch islamische Freitagsgebet als Vorbeterin in einer gemischten Gemeinde leitete, gab es einen großen Aufschrei nicht nur in der islamischen Welt. Viele Rechtsgelehrte wie Jusuf al- Qaradawi und der Großmufti von Saudi Arabien Abdul Aziz al-Sheikh warfen Wadud vor, den Islam von innen her zerstören zu wollen. Als Grund gegen ein gemischtes Gemeinschaftsgebet wird allgemein folgendes aufgeführt:

„Das rituelle Gebet enthält mehrere Verbeugungen und Niederwürfe. Diese Positionen werden von beiden Geschlechtern eingehalten. Es würde von beiden Geschlechtern als störend empfunden werden, wenn nicht ein gewisser Abstand zwischen den Geschlechtern bestehen würde. Das Männer und Frauen räumlich getrennt beten, ist vor allem für die Frau ein Schutz. Sie wird, indem sie hinten (hinter den Männer) betet, von den Berührungen und Blicken der Männer geschützt."[145] In einem Interview auf die Frage, ob auch Frauen das Freitagsgebet leiten dürfen, antwortete der in Oxford lehrende Islamwissenschaftler Tariq Ramadan folgendes:

***„Das glaube ich nicht**. Ich finde es besser, wenn ein Mann das Gebet anleitet, sobald Männer und Frauen zusammen beten, so wie es auch der vorherrschenden Gelehrtenmeinung entspricht. Das ist meine Position in dieser Auseinandersetzung. **Mir sagt auch die Position des ägyptischen Muftis zu, der im Einzelfall keine Bedenken hat, wenn eine bestimmte Moschee sich für eine weibliche Vorbeterin entscheidet**. Aber ich würde die Kontroverse über dieses Thema nicht forcieren, weil es heute wichtigere Themen gibt, wie zum Beispiel Bildung und Autorität in der Rechtsprechung sowie gesellschaftliche Verantwortung."*[146] Auffallend ist in diesem Interview, dass der in Europa angesehene Gelehrte Ramadan es gänzlich nicht ablehnen kann, also in Einzelfällen sogar eine Vorbeterin befürworten würde.

Wie ist nun die islamische Position zu diesem Thema?

Dürfen Frauen unter keinen Umständen als Vorbeterin in einer gemischten Gemeinde fungieren? Wie wurde diese Angelegenheit in der Zeit des Propheten gehandhabt? Gibt es in den authentischen Überlieferungen (Hadithen) Anhaltspunke zu diesem Vorfall? Warum konnte Ramadan die

145 Wenn sich die Moscheen öffnen, S. 196-197.
146 Im Gespräch mit Claudia Mende, Qantara 27.05.2009.

Frage nicht einfach damit beantworten, dass der Islam eine Vorbeterin in einer Moschee als **Haram** (absolut verboten) bewertet? Tariq Ramadan antwortete bedacht auf die Frage, indem er es nicht ausdrücklich als unislamisch verneinen konnte. Wie viele seiner Kollegen wusste auch er, dass es Belege für die Sichtweise Amina Waduds in Hadith-Sammlungen gibt. Im Hadith- Kompendium von Abu Davud (817-889) wird der folgende Hadith überliefert:

*„Der Prophet besuchte Ummu Varaka in ihrer Wohnung und beauftragte einen **Muezzin,** um den Ezan (Gebetsruf) auszurufen. Gleichzeitig befahl der Prophet ihr, das Gebet in der Wohngemeinde als Vorbeterin zu verrichten. Abdurrahman sagt dazu: Ich habe den Muezzin dieser Wohngemeinde gesehen, es war ein **alter Mann gewesen.**"*[147]

Diese Prophetenüberlieferung macht deutlich, dass auch Frauen das rituelle Gebet leiten können. Denn hierin wird Ummu Varaka vom Propheten persönlich berufen, die Wohngemeinde im Gebet zu leiten. Zusätzlich wird von Abdurrahman erwähnt, dass unter den Betenden ein männlicher Muezzin zugegen war, der schließlich hinter ihr im Gebet stand. Dies ist wiederum ein Hinweis dafür, dass es eine gemischte Wohngemeinde war. Die Befürworter einer Vorbeterin in einer Gemeinde, verwenden diese Überlieferung des Propheten Muhammad (s) als ihre Bezugsquelle. Sie behaupten auch, dass kein Rechtsgelehrter die Befugnis hat, eine Religiöse Funktion zu unterbinden, wo es der Prophet nachweislich selbst in Überlieferungen angeordnet hatte. Wenn es Haram (verboten) wäre, wäre es ganz bestimmt im Koran oder in den Aussprüchen des Gesandten aufgeführt. Fraglich bleibt am Ende jedoch der Konsens (Idschma) der Mehrheit der Gelehrten darüber, dass es unter allen Umständen verboten ist, dass Frauen das Freitagsgebet leiten. Die Männer würden in Gefahr laufen, sich nicht mehr auf das Gebet konzentrieren zu können.[148] Das Urteil dieser Rechtsgelehrten basiert demnach auf eine Fatwa (Rechtsspruch). Kann ein Rechtsspruch der Gelehrten, der die Handlungsweise des Propheten (s) außer Acht lässt, noch als Rechtsspruch gelten?

147 Sunen- i-Abu Davud, Bd.1,S. 503-504. Erkam Yayinlari.
148 Wenn sich die Moscheen öffnen, S. 196-197.

Kapitel 3. Der Islam im Dialog zum Christentum

1. Muhammad (s) auch ein Prophet für Christen?

Als im zweiten Vatikanischen Konzil (1965) in der Erklärung über die „**nichtchristlichen Religionen**“ erstmals auch positiv Bezug auf die Muslime genommen wurde, besonders mit dem folgenden Satz: „***auch die Muslime mit Hochachtung betrachtet, die den alleinigen Gott anbeten***“, war dies zweifelsohne ein erheblicher Fortschritt der katholischen Kirche. Damit wurde der Grundstein für den institutionellen Dialog mit den Muslimen gelegt.

Für viele Muslime ist der Abschluss des II Vatikanums jedoch nicht ausreichend formuliert worden. Der Grund ist, dass weder in der Enzyklika der Name von **Muhammad** (s), noch der **Koran** namentlich erwähnt werden. Wie empfindlich Muslime auch heute darauf reagieren, kann aus den folgenden Zeilen entnommen werden: *„Zwar hatte die katholische Kirche 1965 zum Abschluss des II. Vatikanischen Konzils endlich ihren Anspruch aufgegeben, alleinseligmachend zu sein (extra ecclesiam nullasalus)* ***und den Islam als einen Weg zum Heil anerkannt****. Trotz der Bemühungen...* ***hat Rom den logischen nächsten Schritt- Muhammad als Führer auf diesem Weg (und damit den Koran als eine authentische göttliche Offenbarung) anzuerkennen- jedoch noch nicht getan***.“[149]

Kann denn ein Christ von seinem Glauben her überhaupt Muhammad (s) als einen Propheten würdigen und dazu noch den Koran als eine göttliche Offenbarung betrachten?

Eine nicht zu unterschätzende Anzahl von christlichen Theologen haben sich intensiv mit dieser Frage auseinandergesetzt, so z.B. der Professor für Evangelische Theologie Paul Schwarzenau: „***Der tiefste gefühlsmäßige und zugleich theologische Einwand gegen den Koran aber dürfte für den Christen in der Frage bestehen: Wie kann nach Christus eine weitere Offenbarung Gottes überhaupt möglich sein. Eine Offenbarung, die die Aussage der Bibel korrigieren, ergänzen und vollenden will? Ist Christus nicht das Ende aller Religionen, ja in einem bestimmten Sinn das Ende der Zeit***?.“[150] Der Jesuitenpater Professor Christian Troll, verfasste

149 Reise nach Mekka, S. 187, Murad Wilfried Hofmann.
150 Korankunde für Christen, S. 7, Paul Schwarzenau.

im Jahre 2007 einen Artikel mit der Überschrift „**Muhammad-Prophet auch für die Christen**?“ und machte dabei deutlich, dass kein gläubiger Christ an die Prophetie Muhammads (s) glauben könne. So schreibt Troll in seinem Aufsatz: „*Der Jesus des islamischen Glaubens identifiziert sich mit der Botschaft des Korans und lebt nach koranischer Vorschrift.* ***Diesen Jesus anzuerkennen kostet den Muslim sozusagen nichts. Akzeptiert dagegen ein Christ ernstlich Muhammads Anspruch, der wahre und letzte Prophet zu sein, dann wendet er sich gegen das Zeugnis der wichtigsten Glaubensdokumente der Christenheit*.**“[151] Troll kommt deshalb zur folgenden Schlussfolgerung: „*Wäre es deshalb vorzuziehen, von Muhammad als einem Propheten im Sinn der Propheten des Alten Bundes zu sprechen?* ***Es ist kaum anzunehmen, dass die Muslime diese Option zufriedenstellen würde. Wenn ein Christ sagte, Muhammad ist ein Prophet, ohne Muslim zu werden, dann kennt er in ihren Augen entweder seine eigene (christliche) Religion nicht, oder er ist ein Heuchler*.**“[152] Professor Hans Küng widerspricht Christian Troll vehement und plädiert in aller Öffentlichkeit, dass die Zeit für den Christen gekommen ist, Muhammad (s) endlich als einen würdigen Propheten ohne Scheu anzuerkennen. Für Küng besitzt Muhammad (s) alle qualitativen Eigenschaften eines Propheten in der Folge des Alten und Neuen Testaments, die nicht einfach von der Hand abzuweisen sind. Küng geht noch einen Schritt weiter und unterstreicht dabei, dass **der Koran als ein von Gott und nicht von Muhammad (s) offenbartes Buch sei**: ***„Können wir ausschließen, dass einzelnen Menschen hierbei auch besondere Erkenntnis geschenkt, eine besondere Aufgabe übertragen, ein besonderes Charisma zuteil wurde? Und könnte dies aufgrund all des Gesagten nicht auch gerade für Muhammad, den Propheten aus dem heidnischen Arabien, der Fall sein***? *„Extra Ecclesiam gratia“, außerhalb der Kirche Gnade! Wie immer:* ***wenn wir schon Muhammad als nachchristlichen Propheten anerkennen, dann werden wir konsequenterweise auch zugeben müssen, worauf es den Muslimen am allermeisten ankommt: dass Muhammad seine Botschaft nicht einfach aus sich selber hat, dass seine Botschaft nicht einfach Muhammads Wort, sondern Gottes Wort ist.***“[153] Die Aufforderung von Hans Küng an die Prophetie Muhammads zu glauben, wurde bereits im Anfang des 9.

151 Stimmen-der-Zeit, S. 291, 5/2007.
152 Christian Troll, Stimmen-der-Zeit, S. 294, 5/2007.
153 Christentum und Weltreligionen, S. 56, Hans Küng.

Jahrhunderts vom ostsyrischen Katholikos **Timotheos I**. (gest. 823) durch grundlegende Prinzipen und Perspektiven zugrunde gelegt. Auch dieser forderte die Christen von damals dazu auf, Muhammad (s) als einen Propheten im Sinne des Alten Testaments anzuerkennen. Muhammad (s) habe wie Abraham das Volk Israel, sein Volk die Araber von der Verehrung der Götzen des Polytheismus zum Glauben an den einen Gott geführt.[154]

Ob sich der Glaube an die Prophetie Muhammads (s) in absehbarer Zeit, in den organisierten Kirchen durchsetzen wird, bleibt weiterhin fraglich. Die hauptsächliche Sorge der Kirchen würde vor allem sein, den eigenen Glaubensanspruch (als die letzte und vollkommenste Religion) erheblich relativieren zu müssen. Verständlicherweise gibt es unter den Großkirchen (Protestantismus, Katholizismus und der Orthodoxen) unterschiedliche Stellungnahmen und Positionen zu anderen Glaubensrichtungen. Das vermutlich größte Hindernis auf die Anerkennung Muhammads (s) liegt in den historisch-christlichen Beschreibungen über den Propheten des Islam. Der christlich orthodoxe Theologe **Johannes von Damaskus** (gest. 750) beschrieb Muhammad (s) in seinem Werk „**Quelle der Erkenntnis**“ (griech. Pege gnoseos), als einen **Irren** und als Vorläufer des **Antichristen**: ***„dem bis jetzt herrschenden Glauben der Ismaeliten, der das Volk in die Irre leitet und als Vorläufer des Antichristen anzusehen ist.“*** Erstaunlicherweise benutzt Johannes von Damaskus um die Muslime zu beschreiben, den Begriff „**Ismaeliten**“ und nicht die übliche Selbstbeschreibung für die Anhänger des Islam als die „**Muslime**“: *„Sprich: “O Volk der Schrift (gemeint sind hier die Christen), kommt herbei zu einem gleichen Wort zwischen uns und euch, dass wir nämlich Gott allein dienen und nichts neben Ihn stellen und dass nicht die einen von uns die anderen zu Herren nehmen außer Gott.” Und wenn sie sich abwenden, so sprecht: “Bezeugt, dass wir (Ihm)* ***ergeben*** *(arabisch:* ***muslimun****) sind“ (Koran* 3:64). Wie viele seiner Zeitgenossen betrachtete Johannes den Islam als keine eigenständige Religion, sondern als eine häretisch christliche Sekte: *„Sie waren bis zur Zeit des (byzantinischen Kaisers) Herakleios (reg. 610-641) Götzendiener. Da aber trat unter ihnen ein falscher Prophet auf* ***„Mamed“*** *genannt (gemeint ist Muhammad), der eine eigene Irrlehre ins Leben rief, nachdem er flüchtig Kenntnis vom Alten und Neuem Testament gewonnen hatte und zugleich offenbar mit einem arianischen Mönch zusammengetroffen war (…)* .[155]

---

154 Jesus und Muhammad, S. 65, Wolfgang Klausnitzer.

155 Zitiert aus: Buch der Häresien.

Wie prägend und wirkungsvoll die Zeilen von **Johannes** auch heute noch relevant sind, steht bei näherer Betrachtung der christlichen Quellen außer Frage. Tatsächlich leidet das Ansehen des Propheten unter dem Prädikat „**Antichristen**" seit Jahrhunderten bis in unsere Tage hinein. Selbst Martin Luther (gest. 1546) verwendete die denunzierenden Eigenschaften eines Antichristen besonders auf die aufstrebenden Türken, die als Vertreter des muslimischen Glaubens schlechthin galten: „***Der Türke ist Gottes Rute und des Teufels Diener, das hat keinen Zweifel***."[156] Hans Zirker Professor für katholische Theologie, beschäftigte sich ernsthaft mit der Frage, ob es für einen gläubigen Christen denn überhaupt möglich sei, an den Koran als Gottes abschließende Offenbarung glauben zu können. Der Glaube an die authentische Prophetenschaft Muhammads (s) würde den eigenen religiösen Wahrheitsanspruch auf dem Prüfstand stellen. Deshalb könne diese Frage nur individuell beantwortet werden. Eine allgemein kirchliche Stellungnahme wird es auch in Zukunft nicht geben können. Zirker schreibt dazu: „*Eine allgemein gültige christliche Bewertung des Koran ist aber auch nicht zu erwarten. Er gehört nicht zu den fundamentalen Zeugnissen des christlichen Glaubens.* ***Es ist nicht absehbar, wie die Kirchen mit der ihnen zukommenden Autorität über die Bedeutung dieses Buchs befinden sollten****. Dazu fehlt ihnen die Kompetenz.*"[157]

156 „Die Türkengefahr als Strafe Gottes"- Passage aus der Lutherschrift. Siehe auch: Islamfeindlichkeit in Deutschland, S. 38, Achim Bühl.
157 Der Koran-Zugänge und Lesarten, S. 185, Hans Zirker.

2. Ist ein Dialog der Religionen möglich?

In der globalisierten Welt nimmt die Bedeutung vom interreligiösen Dialog in nahezu fast allen Großstädten beachtlich zu. Auch im Alltag werden die Kontakte und Gespräche innerhalb der verschiedenen Religionen und Kulturen unvermeidbar als Nachbar, auf der Arbeit und in der Schule begegnet.[158] Eine nicht zu unterschätzende Anzahl von Historikern und Religionswissenschaftlern, sehen ein adäquates Hindernis im Dialog in den Heiligen Schriften der Weltreligionen selbst begründet. Unter der Überschrift „**Der christlich-islamische Dialog**" schrieb der Österreichische Historiker Professor Wolfdieter Bihl: *„Aus einem Bibelzitat und einer Sure des Koran ergibt sich, dass ein Dialog zwischen Christentum und Islam* ***nicht leicht sein kann****. Im Vers 10 des 2. Briefes des Johannes heißt es: „****Wenn jemand zu euch kommt und nicht diese Lehre mitbringt, dann nehmt ihn nicht in euer Haus auf, sondern verweigert ihm den Gruß! Denn wer ihm den Gruß bietet, macht sich mitschuldig an seinen bösen Taten****". In Sure 3:85 heißt es: „Wer aber eine andere Religion als den Islam (Hingabe) begehrt-****sie wird nicht von ihm angenommen werden****… ."*[159]

An dieser Stelle soll wohl angemerkt werden, dass es im Grunde nicht hilfreich ist, die Heiligen Schriften selektiv und kontextunabhängig auszulegen. Um ein ganzheitliches Bild von der Bedeutung über die Schriften zu erlangen, ist es unabdingbar, die zitierten Passagen einer historischen Rekonstruktion zu unterziehen. Andererseits rufen diverse Koranstellen die Muslime dazu auf, sich an einem aktiv-konstruktiven Dialog besonders mit den Buchreligionen Juden und Christen zu pflegen: ***„Sprich: "O Volk der Schrift (Juden und Christen), kommt herbei zu einem gleichen Wort zwischen uns und euch, dass wir nämlich Gott allein dienen und nichts neben Ihn stellen und dass nicht die einen von uns die anderen zu Herren nehmen außer Gott."*** *Und wenn sie sich abwenden, so sprecht: "Bezeugt, dass wir (Ihm) ergeben sind*" (Koran 3:64). Es ist gewiss nicht zufällig, dass der Koran die Intention wie oben im zitierten Koranvers auf das gemeinsame Anliegen abzielt, nämlich, dass nur Gott allein verehrt werden soll. Im Vordergrund sollen vor allem die Gemeinsamkeiten in einem Dialog angegangen werden. Ohne Zweifel gibt es in den monotheistischen Religionen mehr Gemeinsamkeiten als trennende Prinzipien. Der ehemalige

158 Islam-Lexikon, Khoury/Hagemann/Heine, S. 133-136.
159 Wolfdieter Bihl, Islam, S. 201.

Religionsminister von Ägypten Professor Mahmoud Zakzouk, beschreibt umgehend die nötige Voraussetzung für einen Dialog folgendermaßen: *„Der interreligiöse Dialog sollte die Betrachtung der* ***Gemeinsamkeiten der Moralsysteme der Religionen in den Mittelpunkt seiner Beratungen stellen*** " [...} ***Der interreligiöse Dialog, der auf den Gemeinsamkeiten der Religionen aufbaut, kann viele Möglichkeiten für eine Zusammenarbeit finden. Denn es gibt viele gemeinsame Probleme, die nur durch Zusammenarbeit gelöst werden können.***"[160] Ausgangspunkt für eine beständige und konstruktive Zusammenarbeit, ist ohne eine gemeinsam erarbeitete Grundhaltung nicht tragfähig. Deshalb werden fundierte Kenntnisse der Heiligen Schriften für einen intensiven Dialog vorbedingt. Der Theologe Dr. Martin Bauschke skizziert dies prägnant wie folgt: *„Das bedeutet konkret etwa,* ***Muslime müssen das Neue Testament studieren, und Christen den Koran! Wer die Heilige Schrift des anderen nicht kennt, kann keinen sinnvollen Dialog mit ihm führen.***"[161] In der langjährigen Geschichte zwischen dem Islam und des Christentums war es nicht ohne weiteres einfach, diesen angebahnten Weg mit Dornen zu beschreiten. Widerstand zum Dialog gab es in allen Seiten gleichermaßen wie z. B. seitens von dem protestantischen geistlichen Professor Karl Barth. Für Barth war selbst ein Gedanke zum Dialog mit dem Islam unerträglich und unvorstellbar: *„Das Christentum sollte in das Herz dieser Religionen, wie sie auch heißen mögen, vordringen und, komme was da wolle, seine Botschaft von dem einigen Gott und seinem Erbarmen für die verlorenen Menschen verkünden,* ***ohne auch nur um Haaresbreite ihren „Dämonen" Zugeständnisse zu machen.***"[162] Durchbruch für einen institutionellen Dialog, war zweifelsohne das zweite Vatikanische Konzil vom 28. Oktober 1965. In dem Dokument „Nostra Aetate" der „Erklärung des Verhältnisses der Kirche zu nichtchristlichen Religionen", das ursprünglich zuvor als Erklärung über das Verhältnis der Kirche zu den Juden und gegen den Antisemitismus konzipiert war, verblüffte die Weltöffentlichkeit umso mehr, dass auch Muslime mit ihrem Glauben eine besondere Stellung im Text einnahmen. So heißt es in dessen Erklärung: **„Mit Hochachtung betrachtet die Kirche auch die Muslime, die den alleinigen Gott anbeten** [...] **„Der Heilswille umfasst auch die, welche den Schöpfer anerkennen, unter ihnen besonders die Muslime, die sich zum Glauben Abrahams bekennen und**

160 Der Islam und die Fragen des Dialogs, S. 65.
161 Jesus im Koran, S.134.
162 Mensching: Der offene Tempel, S. 18.

mit uns den einen Gott anbeten, den barmherzigen, der den Menschen am Jüngsten Tag richten wird". Damit hatte sich zum ersten Mal ein Konzil positiv zum Islam bekundet, und gab den in aller Welt verstreuten Institutionen den Startschuss zum Gespräch mit den Muslimen zu suchen.[163]

Am 6. Mai 2001 ereignete sich das bislang Undenkbare – Papst Johannes Paul der Zweite besuchte eine Moschee in Damaskus. Noch nie zuvor in der Geschichte besuchte ein Papst eine Moschee. Um ein besseres gegenseitiges Verständnis zu fördern, betonte der Papst in der Umayyadenmoschee die folgenden Sätze: „*Ein besseres gegenseitiges Verständnis wird auf praktischer Ebene gewiss dazu führen, unsere beiden Religionen auf neue Art und Weise darzustellen:* ***Nicht als Gegner, wie es in der Vergangenheit allzu oft geschehen ist, sondern als Partner für das Wohl der Menschheitsfamilie***."[164] Der Koran verweist ausdrücklich darauf hin, dass ein aufrichtiger Dialog nur dann fruchtbar werden kann, wenn die unterschiedlichen Gesprächspartner mehr die Gemeinsamkeiten in den Vordergrund stellen: „Sprich: ***"O Volk der Schrift (Juden und Christen), kommt herbei zu einem gleichen Wort zwischen uns und euch***" (3:64).

Unweigerlich lassen sich auch konkrete Leitlinien über die Art und Weise eines Dialoges im Koran ausfinden, wie sie in den folgenden Koranversen umschrieben werden: „***Und streitet nicht mit dem Volk der Schrift (Juden und Christen); es sei denn auf die beste Art und Weise***. *Ausgenommen davon sind jene, die ungerecht sind. Und sprecht: "Wir glauben an das, was zu uns herabgesandt wurde und was zu euch herabgesandt wurde; und unser Gott und euer Gott ist Einer; und Ihm sind wir ergeben*" (Koran 29:46). Ferner heißt es: „*Rufe zum Weg deines Herrn mit* ***Weisheit und schöner Ermahnung auf, und streite mit ihnen auf die beste Art***" (Koran 16:125).

„**Es gibt keinen Zwang im Glauben**" (Koran 2:256).

Hiernach werden einige Richtlinien für einen konstruktiven Dialog dargelegt. Diese können folgendermaßen aufgeführt werden:

° **Niemand darf zu irgendwelchen Angelegenheiten im Glauben gezwungen werden**.

° **Es ist strengstens untersagt, andere Weltanschauungen zu diskreditieren**.

163 Siehe hierzu: Peter Antes, der Islam im Umgang mit Judentum und Christentum S. 149-150, Weltmacht Islam.
164 Islam-Lexikon, Khoury/Hagemann/Heine, S. 134.

° **Selbst über unvermeidbare Unterschiede darf nicht gestritten werden**.

° **Aufgeschlossenheit ist ein unverzichtbarer Wert, ohne dessen Aneignung kein Dialog vielversprechend sein kann**.

° **Dialog darf unter keinen Umständen auf Bekehrung abzielen**.

° **Respekt und Anstand als oberste Maxime walten lassen**.

Auch darf keine Religion diffamiert, geschweige denn aus der Gemeinschaft ausgeschlossen werden. In einem Koranvers werden Muslime dazu ermutigt, an gemeinsamen Tischgemeinschaften mit Juden und Christen teilzunehmen: *„**Heute sind euch alle guten Dinge erlaubt. Und die Speise derer, denen die Schrift (Juden und Christen) gegeben wurde, ist euch erlaubt, wie auch eure Speise ihnen erlaubt ist**“* (Koran 5:5).

Professor Abdoldjavad Falaturi wurde vor allem durch seinen unermüdlichen Einsatz für den Dialog der Weltreligionen bekannt. Dennoch verhehlte er nie seine Meinung darüber, dass es ihm trotzdem nie vollends gelungen sei, die im Wege stehenden Hindernisse für einen Dialog gänzlich auszuräumen.[165] Die Tischgemeinschaft stellt für ihn nicht nur einen Symbolcharakter, sondern eine aktive Partizipation innerhalb der Religionsgemeinschaften dar: *„**Die Tischgemeinschaft bedeute dabei nicht den wechselseitigen Besuch von jüdischen und muslimischen Speiselokalen**. So etwas gab es nicht. Es bedeute vielmehr die Familienverbundenheit, orientiert am gemeinsamen Essen und Trinken. Noch bedeutsamer ist dieses Gebot, wenn man die Größe der Familienverbände in Betracht zieht.*“[166] Seit Ende der siebziger Jahre des vorigen Jahrhunderts, veröffentlichte der französische Philosoph Professor Roger Garaudy, unzählige Werke über den lebensnotwendigen Dialog der Zivilisationen. Besonders sein international für Aufsehen erregendes Buch „**Aufruf an die Lebenden**“[167] betonte nachhaltig, wie wichtig und unumgänglich ein Dialog für die Welt sei. In nur wenigen Monaten verkaufte sich das Buch eine Million Mal allein in Frankreich, seinem Heimatland.[168] Auch heute noch, hat die Aktualität von seinen Gesellschaftsentwürfen für einen authentischen „**Dialog der Zivilisationen**“ nichts eingebüßt. Dies kann man unter anderem auch daran feststellen, dass die Auflage seines Werkes in den letzten Jahren selbst in der Türkei

165 Manfred Sader, Toleranz und Frieden, S. 43.
166 Falaturi, der Islam im Dialog, S. 89.
167 Türkische Ausgabe „Yasayanlara Cagri“.
168 Roger Garaudy, Hatiralar-Yüzyilimizda Yalniz Yolculugum, S. 269.

beträchtlich zugenommen hat. Sein Grundsatz für einen aufrichtigen Dialog der Zivilisationen fasste er in einem Satz zusammen: „**Der wahre Dialog kann sich erst nur dann verwirklichen, wenn alle Teilnehmer von Anfang an den Gedanken in sich tragen, dass sie voneinander lernen können.**"[169] Garaudy spendete alle Tantiemen, die er für sein Werk „**Aufruf an die Lebenden**" erhielt, an Projekte mit demselben Namen „**Aufruf an die Lebenden**", die kurz nach dem Erscheinen des Buches sich in verschiedenen Städten herausbildeten. Für viele Institutionen und Vereine, bildete sein Werk eine nicht zu verkennende Inspirationsquelle.[170] Was die Welt so dringend benötigt, sind Brückenbauer auf allen Lagern der Religionen und Kulturen. Professor Hans Küng beschrieb die Voraussetzung und die Grundlage eines Brückenbauers folgendermaßen zusammen: *„Denn was unsere Zeit vor allem braucht, sind* ***Brückenbauer****. Brückenbauer, die bei allen Schwierigkeiten, Gegensätzen, Konfrontationen doch das* ***Gemeinsame sehen: das Gemeinsame vor allem in den ethischen Werten und Haltungen; Brückenbauer, die sich zu diesen gemeinsamen ethischen Werten und Maßstäben bekennen und sie auch in ihrem Leben umsetzen.***"[171] Ob sich die seit Jahrzehnten mühevoll ausgearbeiteten und eingeleiteten Rahmenbedingungen von Garaudy und Küng, auch in Zukunft sich weiterhin durchsetzten wird, ist allein von der Aufgeschlossenheit und dem guten Willen der Menschen abhängig.

° **Kein menschliches Zusammenleben ohne ein Weltethos der Nationen**.

° **Kein Frieden unter den Nationen ohne Frieden unter den Religionen**.

° **Kein Frieden unter den Religionen ohne Dialog unter den Religionen.**[172]

169 Roger Garaudy, Insanligin Medeniyet Destani, S. 192.
170 Autobiographie von Roger Garaudy, in „Hatiralar-Yüzyilimizda Yanliz Yolculugum, S. 269-271.
171 Der Islam, Geschichte, Gegenwart, Zukunft, S. 648.
172 Hans Küng, Projekt Weltethos, S. 171.

3. Verbietet der Koran Freundschaften zu Andersgläubigen?

Viele christliche Würdenträger halten eine enge freundschaftliche Beziehung zu den Muslimen für nicht möglich. Der Grund sei offensichtlich im Koran begründet. Für den Theologen und Jesuiten Professor Samir Khalil Samir, beinhalten einige Koranverse feindliche Einstellungen gegenüber den Christen allgemein.[173] Als Beleg führt Samir vor allem die folgende Koranstelle an: *„O ihr, die ihr glaubt!* ***Nehmt nicht die Juden und die Christen zu freunden. Sie sind einander Freunde***" (Koran 5:51). Solange Muslime sich nicht gegen diese Aufforderung im Koran erheben, oder ernsthaft in Frage stellen, so sei auch keine authentische Freundschaft mit den Muslimen auch nur denkbar. Ludwig Hagemann, Professor für Systematische Theologie ist sogar der Ansicht, dass der Vers: „***Nehmt nicht die Juden und die Christen zu Freunden***" im Mittelalter dazu geführt hat, die Christen im wahrsten Sinne des Wortes aus der Gemeinschaft der Gläubigen auszuschließen: *„Das Muhammad gegen Ende seines Lebens, als er die Macht auf der Arabischen Halbinsel errungen hatte, die endgültige* ***Ausgrenzung der Christen vollzog, indem er sie aus der Gemeinschaft der Gläubigen***

ausschloss *(...)* .[174] Ist es eine generelle Aufforderung vom Koran, Juden und Christen nicht als Freunde zu nehmen? Weshalb ermutigt der Koran die Muslime zu solch einer Haltung? Zunächst sollte der maßgebliche Begriff „**auliya**" näher erläutert werden. In den gängigen Übersetzungen wird es üblicherweise mit „Freunde" wiedergegeben. Der türkische Koranexeget Mustafa Islamoglu, weist ausdrücklich darauf hin, dass der Begriff „**auliya**" nicht ausschließlich mit „Freunde" übersetzt werden kann. Vielmehr könnte es auch wie folgt übersetzt werden: *„Freund, Weggefährte, Vertrauter, Autorität, Verbündeter, Vormund, Treuhänder und Beschützer.*"[175] Da der Begriff verschiedene Bedeutungen haben kann, gibt es mittlerweile auch in diversen Koranübersetzungen Erläuterungen hierzu. So fügt zum Beispiel Dr. Murad Wilfried Hofmann in einer Fußnote zu 5:51 folgende zusätzliche Bedeutungen wie: „**zu Verbündeten**" oder „**zu Beschützern**" hinzu.[176] Wegen dem verschiedenen Bedeutungsgehalt des Wortes „**auliya**", kann

173 100 Fragen zum Islam, 156-157.
174 Christentum contra Islam, S. 8.
175 Hayat Kitabi Kur´an, S. 202, 2 Auflage 2008.
176 Der Koran, S. 108, Verlag Diederichs 2007.

unweigerlich in den meisten Koranübersetzungen festgestellt werden, dass die Übersetzter letztendlich subjektiv eine von vielen Bedeutungen favorisieren, wie zum Beispiel:

° „Nehmt Juden und Christen nicht als **Vertraute**“[177]

° „Nehmt euch nicht die Juden und die Christen zu **Freunden**“[178]

° „Nehmt nicht die Juden und die Christen als **Beistand**“[179]

Unter den muslimischen Koranexegeten gibt es keinen Konsens darüber, warum und weshalb der Koranvers 5:51 offenbart wurde. Einige behaupten, es sei gegen die Juden offenbart. Andere wiederum wähnen, es sei gegen Christen und Juden gleichermaßen offenbart worden.[180] Traditionelle Korangelehrte wie **ibn Kesir** (gest. 1373), kommentierten den Koranvers 5:51 dahingehend, dass Juden und Christen die unbestreitbaren Feinde der Muslime seien. Bemerkenswert ist, dass ibn Kesir (gest. 1373) diese Feindschaft verallgemeinert und auf alle Juden und Christen bezieht. Schon in der ersten Zeile seiner Kommentierung schreibt er: *„Möge Gott der Erhabene Seine Gläubigen Diener vor den Feinden des Islams und der Muslime, den Juden und Christen- Gott möge sie verfluchen- vor einer Freundschaft bewahren!*“[181] Zeitgenössische Theologen nehmen 5:51 auch als Anlass dafür, alle Juden und Christen der Gegenwart zu verdammen. Erstaunlicherweise schließen sich der Interpretation einer Feindschaftsideologie, nicht nur konservative Theologen, sondern auch sogenannte liberale Denker an. Prototyp dafür ist der türkische Autor und ehemalige Dekan der theologischen Fakultät von Istanbul, Professor Yasar Nuri Öztürk. Bekanntlich wird Öztürk im Westen als der „**Luther des Islam**“ gefeiert. Seine Veröffentlichungen erzielen allein in der Türkei mehrstellige Auflagen.[182] Für Öztürk besteht indes kein Zweifel, dass die Schuld an dem miserablen Zustand in der islamischen Welt, hauptsächlich durch die Freundschaft zu Juden und Christen verursacht sei. Der Koranvers 5:51 warnt nach Öztürks Auslegung die zukünftige islamische Gemeinschaft davor, Freundschaften mit Juden und Christen einzugehen. Somit wird dem Vers eine allgemeingültige Grundhaltung in Bezug auf Juden und Christen von

177 Koranübersetzung nach Mustafa Maher.
178 Koranübersetzung nach Rudi Paret.
179 Koranübersetzung nach Ahmad Milad Karimi.
180 Muhammad Abduh, Tefsirul Kur´ani´L-Hakim, Bd. 6, S. 560-570.
181 Tefsir´ul-Qur´an il-Azim, Bd. 3, S. 350.
182 Gerhard Schweizer, Die Türkei – Zerreißprobe zwischen Islam und Nationalismus, S. 161.

Öztürk beigemessen.[183] Der katholische Koranforscher Professor Hans Zirker macht in diesem Zusammenhang auf eine wichtige Lesensart des Korans aufmerksam. Nach Zirker können nicht einfach Koranverse aus dem Zusammenhang gerissen werden, um bestimmte ideologische Interpretationen erschließen zu können. Erst der gesamte Kontext erlaube gewisse Schlussfolgerungen ziehen zu können: „*Die unterschiedlichen Bewertungen sind nur dann verständlich, **wenn man die Kontexte dieser Verse mitberücksichtigt**. Dort findet man jeweils gegensätzliche Umstände angesprochen. Wo vor den Juden und Christen gewarnt wird, lesen wir in der Nähe: „O ihr, die ihr glaubt, **nehmt euch nicht die zu Freunden von jenen, denen vor euch die Schrift (Juden und Christen) gegeben wurde, und von den Ungläubigen, die mit eurem Glauben Spott und Scherz treiben** und fürchtet Gott, wenn ihr Gläubige seid“* (Koran 5:57) [...] *Zweifellos haben wir es also bei den Bewertungen der „Leute der Schrift“ und **insbesondere der Christen im Koran nicht mit allgemein gültigen Aussagen zu tun, sondern mit sehr situationsbezogenen**.*“[184] Ähnlich wie Zirker betont auch der islamische Gelehrte und ehemalige Ministerpräsident Irans Mehdi Bazargan besorgt daraufhin, dass es keinen allgemeinen Aufruf seitens des Korans gibt, Andersgläubige nicht als Freunde zu nehmen. Entscheidend sind die Eigenschaften im Umgang mit den Muslimen und nicht der Glaube als solche: „*Der Koran erklärt, dass **das Verbot der Freundschaft (wilaya) mit den Buchbesitzern (Juden und Christen) nicht allgemein zu bewerten ist**, sondern sich auf diejenigen unter ihnen bezieht, die sich wie Ungläubige und Götzendiener über **die Muslime lustig machen und ihre Religion und den Gottesdienst als Spielzeug und als lächerlich betrachten**.*“[185] Der Abschnitt in 5:57 „***die mit eurem Glauben Spott und Scherz treiben***“ definiert grundlegende Merkmale, welche es nicht erlauben als Freunde zu sich zu nehmen wie zum Beispiel: „keinen Respekt vor anderen Religionen und Andersgläubigen zu haben, und vor allem die Intention noch hegt, die religiöse Ausdruckformen zu beleidigen.“ Ali Ünal versucht auf diese Haltung in seiner Koran-Übersetzung durch Ergänzung in den Klammern im Text aufmerksam zu machen: „*Nehmt euch nicht die Juden und die Christen (**die den Muslimen gegenüber feindselig sind**) zu Beschützern und Vertrauten.*“[186]

183 Kur´an Penceresinden Kurtulus Savsina Bir Bakis, S. 413-422, Yasar Nuri Öztürk.
184 Der Koran, Zugänge und Lesarten, S. 137-138.
185 Und Jesus ist sein Prophet, S. 73-74.
186 Ali Ünal, Der Koran und seine Übersetzung, S. 296.

In der selben Sure heißt es unter anderem: „*Und du wirst zweifellos finden, dass die, welche sagen: “**Wir sind <u>Christen</u>” den Gläubigen am freundlichsten gegenüberstehen. Dies (ist so), weil es unter ihnen <u>Priester und Mönche</u> gibt und weil sie nicht hochmütig sind*** (Koran 5:82). Der historische Anlass dieses Verses war, dass der Prophet Muhammed (s) fünf Jahre nach Beginn der ersten Offenbarung im Jahre 615, ca. hundert Muslime nach Abessinien (Äthiopien) auswandern ließ, denn in Mekka wurden sie bis aufs Leben brutal wegen ihres Glaubens verfolgt. Dort herrschte ein gerechter Christ namens Negus, der den Ruf genoss, sein Volk gerecht und respektvoll zu behandeln.[187] In der ältesten Propheten Biografie von ibn Ishak (gest. 767) wird diese historische Begebenheit wie folgt geschildert: „*Als der Prophet all das Unglück sah, das seine Gefährten traf, und erkannte, dass er sie nicht davor schützen konnte, obwohl er selbst dank der Hilfe Gottes und seines Onkels Abu Talib verschont blieb, riet er ihnen, nach Abessinien wegzuziehen. „Denn dort“, so sprach er, „**herrscht ein König, bei dem niemandem Unrecht geschieht. Es ist ein freundliches Land. Bleibt dort, bis Gott eure Not zum Besseren wendet!**“ Darauf zogen die Gefährten des Propheten nach Abessinien, da sie die Versuchung fürchteten, vom Islam abzufallen, und sich mit ihrem Glauben zu Gott flüchten wollten.*“[188] Die spätere Frau des Propheten Umm Salama befand sich auch unter den ersten Muslimen, die nach Abessinien auswanderten. Ihr persönliches Erlebnis schildert sie folgendermaßen: „*Als wir in Abessinien ankamen, wurden wir vom Negus aufs Beste aufgenommen. **Wir konnten in Sicherheit unseren Glauben ausüben und Gott dienen, ohne das wir misshandelt wurden oder etwas Unziemliches zu hören bekamen***.“[189] Der Koran definiert offen, dass Freundschaften nicht ausschließlich nur Muslimen vorbehalten sind. In der Sure al-Mumtahana (die geprüfte) wird unmissverständlich darauf hingewiesen, mit wem Freundschaften einzugehen bzw. abzulehnen sei. So beschreibt der Vers: „***Gott verbietet euch nicht, gegen jene, <u>die euch nicht des Glaubens wegen bekämpft haben und euch nicht aus euren Häusern vertrieben haben, gütig zu sein und redlich mit ihnen zu verfahren</u>; wahrlich, Gott liebt die Gerechten. Doch Gott verbietet euch, mit denen, die euch des Glaubens wegen bekämpft haben und euch aus euren Häusern vertrieben und (anderen) geholfen haben, euch zu vertreiben, <u>Freundschaft zu schließen</u>. Und wer mit***

187 Nesei, el-Kubra, Bd. 6, S. 336, Hadit Nr. 11148.
188 Ibn Ishaq, Das Leben des Propheten, S. 65.
189 Ibn Ishaq, Das Leben des Propheten, S. 65-67, Spohr Verlag 1999.

***ihnen Freundschaft schließt – das sind die Missetäter*"** (Koran 60:8-9). Danach kann grundsätzlich mit jedem eine Freundschaft geschlossen werden. Eine grundlegende Voraussetzung wäre jedoch, respektiert und wegen des Glaubens nicht diffamiert zu werden. Welche Konsequenzen selektive Koranauslegungen schlussfolgern können, beschreibt der in Münster Lehrende Theologe Professor Mouhanad Khorchide in seinem vor kurzem erschienenen Buch „Islam ist Barmherzigkeit". Seine jungen Jahre verbrachte Khorchide hauptsächlich in Saudi Arabien, wo er in die Grundzüge der Religion in der Schule eingewiesen wurde. Seine eigene Erfahrung schildert er wie folgt zusammen: *„Das Dogma der Inklusion und Exklusion besagt, dass die Loyalität eines Muslims (wala) – das umfasst werte wie Liebe, Mitgefühl, Hilfsbereitschaft usw.-* ***nur gegenüber den Muslimen gelten dürfe, und dass ein Muslim dazu verpflichtet sei, sich von allen Nichtmuslimen loszusagen.*"**[190] Sagt der Koran denn nicht: „(Dies ist) ein Buch, dessen Verse vervollkommnet und dann im Einzelnen erklärt worden sind, von einem Allweisen, Allkundigen" (Koran 11:1).

190 Islam ist Barmherzigkeit, S. 16.

4. Ist Jesus Sohn Gottes oder ein Prophet?

Die größte Streitfrage und für viele auch ein Hindernis im Dialog zwischen den zwei Weltreligionen dem Christentum und dem Islam, ist zweifellos, das Verständnis über die Natur Jesus (a). Nach dem Neuen Testament ist Jesus (a) im physiologischen Sinn, der erzeugte Sohn Gottes: *„Niemand hat Gott je geschaut. Der einzig* ***„erzeugte Sohn“*** *der an der Brust des Vaters ruht, er hat Kunde gebracht*“ (Joh 1, 18). Der Koran betont jedoch unmissverständlich, dass auch Jesus genauso wie die vorangegangenen Gesandten, nur ein sterblicher Mensch sei. Auch wird hervorgehoben, dass das Prädikat „Sohn Gottes“ nur eine Erfindung der Menschen ist: ***„Und die Christen sagen: Der Messias ist Gottes Sohn (ibn Allah). Das ist ihre Rede aus ihrem eigenen Munde!***“ (Koran 9:30). Wurde Jesus (a) tatsächlich seit Beginn seiner Mission als Sohn Gottes verehrt? Was sagen die historischen Quellen dazu? Der christliche Religionswissenschaftler Professor Thomas Schirrmacher ist fest davon überzeugt, dass Jesus (a) mit dem Titel „Sohn Gottes“ auch immer schon öffentlich auftrat. Seine Anhänger und Mitstreiter verehrten ihn als Sohn Gottes.[191] Für viele gläubige Christen liegt der Beweis für die Sohnschaft Jesu (a) im Neuen Testament. Joachim Gnilka ist Professor für neutestamentliche Exegese und Buchautor zahlreicher Werke. Sein Schwerpunkt liegt vor allem darin, den Beweis zu erbringen, dass die Bibel in sämtlichen Vergleichen dem Koran überlegen sei. Nach Gnilka ist die Beweislage über die göttliche Natur von Jesus (a) offenkundig, weil dies an verschiedenen Stellen des Neuen Testaments vorkommt. Daher wäre es des weiteren auch nicht nötig, darüber sinnlos zu streiten: *„Als Gottessohn steht er in einem einzigartigen Verhältnis zu Gott. Dabei ist es von Bedeutung, dass diese beiden Prädikate (Christus/Sohn)* ***in allen wichtigen neutestamentlichen Schriften und Schriftgruppen hinreichend vertreten sind, auch in den synoptischen Evangelien.***“[192]

Sind die Schriftgruppen denn wirklich hinreichend in den historischen Quellen dokumentiert, wie Gnilka es zu glauben wünscht?

Der evangelische Theologie Professor Gerd Lüdemann lässt keinen Zweifel darüber walten, dass insbesondere die historischen Quellen in Bezug auf die Person Jesus (a) mangelhaft erscheinen. Es gibt im wahrsten Sinne des

191 Schirrmacher, Koran und Bibel, S. 88-90.
192 Bibel und Koran, Was sie verbindet, was sie trennt, S. 103.

Wortes keine schriftliche Quellen, die lückenlos weder auf Jesus (a), noch auf seine Gefährten zurückzuführen sei. Die historische Bibelkritik habe dies wissenschaftlich nachgewiesen: *„So haben wir über Jesus nur Fremdberichte.* ***Sie sind weder in seiner aramäischen Muttersprache verfasst, noch stammen sie von Augenzeugen****. Die Erzählungen über ihn sind zudem nicht selten widersprüchlich.*"[193]

Für den international renommierten Religionswissenschaftler Professor Mircea Eliade, ist selbst eine Rekonstruktion der Botschaft von Jesus (a) nur erschwerlich zu ermitteln: ***„Es ist nicht möglich, seine ursprüngliche Botschaft zu rekonstruieren.*"**[194]

Nach den Historikern besteht heute ein weitgehender Konsens darüber, dass erst im Jahre 325 im Konzil von Nizäa Jesus (a) wesensgleich mit Gott gesetzt wurde. Ironischerweise wurde das Konzil von einem nicht getauften Heiden Kaiser Konstantin (gest. 337) einberufen. Eines der Gründe für die Einberufung der Bischöfe war unter anderem, die Streitigkeiten unter den verschiedenen Gruppen über die Natur Jesus (a) ein Ende zu setzten. Nach intensiven Disputationen innerhalb der Bischöfe, konnte sich die Überzeugung allmählich zugunsten der Göttlichkeit von Jesus (a) durchsetzen. Dr. Gerhard Wehr skizziert den historischen Ablauf prägnant wie folgt: ***„So lud der noch nicht getaufte Konstantin (gest. 337) im Jahr 325 etwa 220 Bischöfe nach Nizäa in Bithynien ein, von denen die Mehrzahl aus der Ostkirche kam. Die Einflussnahme des Kaisers war offensichtlich, da er die Reisekosten beglich und seinen Sommerpalast als Tagungsort für das erste ökumenische Konzil der Christenheit zur Verfügung stellte.*"** *Die Diskussion mündete in den Beschluss ein:* ***„Christus ist wesensgleich mit dem Vater.*"**[195] In seinem Buch „Jesus im Koran" behandelt Dr. Martin Bauschke die Frage über die historische Entwicklung von Jesus (a) vom Menschensohn zur Göttlichkeit hin ausführlich. Auch für Bauschke ist es nicht einfach von der Hand zu weisen, dass der anfängliche Jesus (a) als Prophet seines Volkes und nicht im wörtlichen Sinne als Sohn Gottes auftrat. Erst nach **drei Konzilen konnte sich allmählich die heutige Auffassung der Groß- Kirchen nach heftigen Auseinandersetzungen durchsetzen**. Die Ansicht der Christen, die Jesus (a) für nicht gezeugt sondern von Gott erschaffen wähnten, wurden unter schrecklichen

---

193 Gerd Lüdemann, Ketzer- Die andere Seite des frühen Christentums, S. 71.
194 Handbuch der Religionen, S. 202.
195 Gerhard Wehr, Christentum, S. 36.

Bedingungen verfolgt: „***Im Verlaufe jahrhundertelanger christologischer Streitigkeiten ist die Rede von der exklusiven Gottessohnschaft Jesu auf den Konzilen von Nizäa (325), Konstantinopel (381) und Chalzedon (451) dogmatisiert worden****, und das zudem in einem metaphysischen, substanzontologischen Sinne, ähnlich wie in den altorientalischen Götterkulten, von der auch die Ideologie der Apotheose des römischen Kaiserkultes beeinflusst war. Das sog. „Nicaeno-Constantinopolitanum (381)“ bekennt von Jesus, er sei „**gezeugt, nicht geschaffen, wesensgleich dem Vater**“ (gr. Gennethenta ou poithhenta, homoousion to patri).* **Alle andersglaubenden Christen wurden von den Konzilvätern als häretisch verdammt. Einige Kirchen, darunter die arianischen, monophysitischen und nestorianischen Kirchen, haben das Chalcedonense von 451 abgelehnt.**[196]

Der Koran verwirft ausdrücklich die Göttlichkeit von Jesus (a) und seiner Mutter Maria (r), in dem er darauf aufmerksam macht, dass Beide menschliche Eigenschaften hatten, vor allem durch die Aufnahme von Nahrung. Auch Maria (r) wurde als Gottesgebärerin in orientalischen Teilen der Welt hoch verehrt. Der Jerusalemer Bischof Cyrill (gest. 386) war wohl der erste Theologe, der Maria als „**Muttergottes**“ bzw. „**Gottesgebärerin**“ bezeichnete .[197] „*Der Messias, der Sohn der Maria, ist nichts anderes als ein Gesandter. Ihm gingen andere Gesandte voraus, und seine Mutter war aufrichtig.* ***Beide nahmen Nahrung zu sich***“ (Koran 5:75). Professor Sayyid Qutb (gest. 1966) erläutert in seinem Korankommentar den Unterschied ausgehend von den Eigenschaften von Jesus (a) und Maria (r) zum Schöpfer Gott. Für Qutb ist dies auch ein unwiderlegbarer Beweis dafür, dass erst nach dem Ableben von Jesus (a) dieser als Sohn Gottes vergöttert wurde: „*Dass er Nahrung zu sich genommen hat, ist im Leben Jesu- Gottes Friede sei mit ihm- sowie im Leben seiner wahrhaften Mutter eine Tatsache.* ***Sie ist eine Eigenheit von erschaffenen Lebewesen und ein Zeichen des Mensch-Seins von Jesus und seiner Mutter. Wer Nahrung zu sich nimmt, stillt damit ohne Zweifel ein menschliches Bedürfnis, und es kann kein Gott sein, der dies tut, um zu leben. Denn Gott lebt, besteht und erhält Sich Selbst, ohne Essen zu benötigen.***[198]

196 Jesus im Koran, S. 70.
197 (gr. Parthenos he theotokos nannte in: Catechesis Bd. X, S. 19, zit. nach Migne (Hg.), Patrologia Graeca. Siehe auch: Neutestamentliche Apokryphen, Bd. 1, S. 365).
198 Fi Zilal al-Qur´an, zu Sure 5 Vers 75.

Nach dem katholischen Theologen Professor Hans Küng darf die Sohnschaft keinesfalls als eine physische Gottessohnschaft verstanden werden. Jesus (a) habe nie den Titel „Gottessohn“ für sich in Anspruch genommen. Küng stützt seine Sichtweise hauptsächlich auf die historisch-kritische Exegese. So beschreibt er den historischen Jesus (a) folgendermaßen: *„Was in der Diskussion immer wieder vergessen wird:* ***Jesus selber war Jude und einem heutigen palästinischen Araber schon phänotypisch sehr viel ähnlicher als allen unseren byzantinischen, italienischen, spanischen oder deutschen Jesusbildern. Dieser jüdische Jesus dachte so wenig wie heute ein Muslim daran, den Glauben an den einen Gott- das erste Gebot!- aufzulockern****. „****Was nennst du mich gut? Niemand ist gut außer Gott allein****“ war seine Reaktion auf die Anrede „Guter Meister.*“ (Markus, 10, 17).[199]

Werden nicht alle Menschen laut der Bibel, als Gottes Kinder betrachtet? ***„Damit ihr Kinder seid eures Vaters im Himmel***“ (Matthäus, 5: 45).

Schon im Alten Testament ist die Rede von den Gottessöhnen. Wie ist das aber konkret zu verstehen, etwa als leibliche Söhne? Sohn Gottes bedeutet so viel wie: in einem besonderen Verhältnis zu Gott stehen, von ihm erwählt sein. Das Volk Israel wird als Gottes erstgeborener Sohn beschrieben: ***„Und du sollst zu ihm sagen: So spricht der Herr: Israel ist mein erstgeborener Sohn***“ (Exodos, 4:22). Die Menschen in Jerusalem betrachteten Jesus (a) nicht anders wie in den Traditionen der Altvorderen, als den auserwählten Propheten seines Volkes: *„Und als er in Jerusalem einzog, erregte sich die ganze Stadt und fragte: Wer ist der? Die Menge aber sprach*: **Das ist Jesus, der Prophet aus Nazareth in Galiläa**“ (Matthäus, 21: 10-11). Für den Autor christlicher Publikationen Dr. Konrad Dietzfelbinger, kommt es allein auf die spirituelle Erfahrung an, nicht an die historische Authentizität der Bibel. Auch wenn diverse Textstellen bewusst oder unbewusst verfälscht wurden, entscheidend sei die geistliche Wahrheit des Neuen Testaments. Für den Glauben reicht es vollkommen aus, auch dann, wenn die schriftlichen Quellen erst ca. 200 Jahren nach Christus niedergeschrieben wurden: *„Ob und wie viele Änderungen in dieser Hinsicht durchgeführt wurden, lässt sich für die Zeit bis etwa 200 n. Chr. nicht mehr mit Sicherheit ausmachen. Erst von da ab sind Handschriften mit vollständigen Büchern des Neuen Testaments erhalten.* ***Was vorher mit diesen Büchern geschehen sein könnte, liegt im Dunkeln.*** *Aber viele*

199 Christentum und Weltreligionen, S. 172-173.

Texte sind ja ohnehin Schicht um Schicht zusammengefügt, ***wie etwa die Evangelien, und mit großer Wahrscheinlichkeit nicht von Augenzeugen der Ereignisse um Jesus verfasst. Was spielt es da für eine Rolle, wenn noch Hinzufügungen gemacht worden sind- vorausgesetzt, sie dokumentieren den Geist eigenständiger spiritueller Erfahrungen und damit der Wahrheit? Sind nicht die Verse Markus 16: 9-20, das halbe Kapitel am Ende des Markusevangeliums, ja das ganze 21. Kapitel des Johannesevangeliums solche Hinzufügungen****?*[200] *„Wahrlich, Jesus ist vor Gott gleich Adam; Er erschuf ihn aus Erde, als dann sprach Er zu ihm: "Sei!" und da war er. (Dies) ist die Wahrheit von deinem Herrn! Darum sei keiner der Zweifler*" (Koran 3:59-60).

„Fürwahr, die Wahrheit leugnen diejenigen, die sagen: Siehe, Gott ist der Christus, Sohn der Maria- da doch der Christus (selbst) sagte: O Kinder Israels! Betet Gott (allein) an, der mein Erhalter wie auch euer Erhalter ist. Siehe, wer immer irgendeinem Wesen neben Gott Göttlichkeit zuschreibt, dem wird Gott das Paradies verwehren, und sein Ziel wird das Feuer sein; und solche Übeltäter werden keinen haben, ihnen beizustehen!"[201]

200 Konrad Dietzfelbinger, die Bibel, S. 98. Siehe auch: Der historische Jesus, Angelika Strotmann.
201 Koran 5:72 Übersetzung nach Muhammad Asad.

5. Gibt es unter den Propheten Rangstufen?

Gerne verweisen muslimische Referenten in den Vorträgen der christlich-islamischen Dialog-Veranstaltungen darauf hin, dass besonders Muslime durch den Koran daran angehalten sind, keine Unterschiede in Bezug auf die Propheten zu machen. Dabei wird vor allem der folgende Koranvers 2:285 aufgeführt: *„Gottes Gesandter glaubt an das ihm von seinem Herrn Offenbarte, und also die Gläubigen: sie glauben alle an Gott, an Seine Engel, an Seine Bücher und an Seine Gesandten. Sie sagen: "Wir glauben an die Gesandten, ohne Unterschiede zwischen ihnen zu machen."*

Der ehemalige Dekan der Fakultät für Islamische Theologie und Religionsminister von Ägypten Prof. Mahmoud Zakzouk, ist in Europa ein angesehener Gast für Vortragsreden in Fragen des interreligiösen Dialogs. In seinen Vorträgen wird des öfteren von Zakzouk auch der oben aufgeführte Koranvers zitiert, um aufzeigen zu können, dass der Islam unter den Propheten keine Rangstufen etabliert hat. So schreibt er: *„Im Islam gehört die Anerkennung der anderen geoffenbarten Religionen und ihre jeweiligen Propheten zu den religiösen Geboten.* ***Die Muslime werden im Koran ausdrücklich dazu aufgefordert, keine Unterschiede zwischen den Propheten zu machen.***"[202] In Anlehnung auf 2:285 wird weiter nachdrücklich folgendes erwähnt: *„Die Zeichen der wirklich gläubigen Menschen sind, dass sie an Gott, Seine Engel, Seine Bücher und* ***Seine Propheten glauben und keinen Unterschied zwischen den Propheten machen!***[203]

Dem Ägypter Zakzouk wird indes von Kritikern vorgeworfen, den zitierten Koranvers nach Belieben zu deuten. Denn die klassischen Koranexegeten wie **Taberi (gest. 923)** und **Mukatil ibn Suleyman (gest. 767)** interpretieren den Vers dahingehend, dass es hierbei nicht um die Rangstufen innerhalb der Propheten geht, sondern um die Akzeptanz aller Propheten und nicht wie Juden und Christen der Glaube an einige und die Ablehnung anderer Propheten.[204]

Bekanntlich unterscheidet das Neue Testament das Verhältnis von Moses (a)

---

202 Zakzouk, Einführung in den Islam, S. 390.
203 Zakzouk, Einführung in den Islam, S. 438.
204 Mukatil ibn Suleyman, Bd. 1, S. 240, Tefsir-i Kabir. Bekanntlich akzeptieren Juden Jesus nicht an, wie auch die Christen Muhammad nicht als Propheten anerkennen.

zu Jesus (a) in seinen Rangstufen im Angesicht Gottes deutlich: „***Er (Jesus) ist aber größerer Ehre wert als Mose***, *so wie der Erbauer des Hauses größere Ehre hat als das Haus (...)* ***Und Mose zwar treu in Gottes ganzem Hause als Knecht, zum Zeugnis für das, was später gesagt werden sollte. Christus aber war treu als Sohn über Gottes Haus.***"[205]

Für den andalusischen Sufi und auch von vielen als der größte Meister „ash-Shaykh al-Akbar" betitelte **Muhyiddin Ibn Arabi (gest. 1240)** gesteht unverhohlen ein, dass Muhammad (s) durch die abschließend übermittelte Botschaft von Gott zum bedeutendsten Propheten auserwählt sei: „***Muhammad war der größte Ort der Göttlichen Offenbarung***. *Daher wurde ihm das Wissen der alten und der kommenden Völker gegeben. Unter den alten befand sich Adam, der über das Wissen der Namen verfügte. Muhammad wurden die allumfassenden Worte gegeben, und die Worte Gottes sind niemals erschöpft.*"[206] Islamische Theologen begründen durch diverse Stellen im Koran, unübersehbare Qualitätsunterschiede der Propheten in ihren Auftreten. So ist besonders Muhammad (s) nicht nur an ein Volk entsandt worden, sondern für die gesamte Menschheit: „***Und Wir entsandten dich (Muhammad) nur aus Barmherzigkeit für alle Welten***." (Koran 21:107) Und genau das soll den Unterschied von Muhammad (s) im Vergleich zu den anderen Gesandten ausdrücklich hervorheben. Der indische Gelehrte Prof. Muhammed Hamidullah (gest. 2002) skizziert die Beauftragung der Propheten in ihrer unterschiedlichen Verantwortung und Entsendung durch Gott wie folgt zusammen: „*Manche Propheten haben von Gott die Aufgabe erhalten, die Glieder eines einzigen „Hauses" (Volkes oder Stammes), einer einzigen Rasse, eines einzigen Landes zu erziehen, andere hatten ausgedehntere Aufträge, die die ganze Menschheit umfassten und für ewige Zeiten Geltung haben sollen.* ***Diese letztere Aufgabe ist offensichtlich das Merkmal des letzten Propheten.***"[207] Eine weitere Besonderheit von Muhammad (s) soll unter anderem auch sein, dass er nicht nur an Menschen, sondern gleichzeitig auch als Prophet an die Dschinns entsandt wurde.[208] Der türkische Prediger Fethullah Gülen beschreibt dies folgendermaßen: „*Ihre Berufung unterschied sich nur insofern voneinander,*

205 Hebräer, Kapitel 3:1-6.
206 Muhyiddin Ibn Arabi, Der grenzenlose Barmherzige, S. 107.
207 Der Islam, Geschichte Religion Kultur, S. 86, veröffentlicht durch die türkische Religionsstiftung.
208 Siehe zum Begriff und Konzept zu Dschinn „Die Botschaft des Koran, Anhang 3, S. 1209-1210, Muhammad Asad.

dass der Prophet Muhammad als Barmherzigkeit zu allen Welten einschließlich der der Menschen ***und der der Dschinn gesandt wurde****, während die Mission aller ihm vorangegangenem Propheten auf ein Volk und eine festgelegte Zeit begrenzt war.*"[209] Andere Fundstellen im Koran sollen noch weitestgehend die herausragende Stellung von Muhammad (s) und weitere Propheten unterstreichen: „***Wir erhöhten einige der Propheten über die anderen.***" (Koran 17:55) In seinem Werk „**Mefatihul-Gayb**" beschreibt der Korankommentator **Fahruddin ar-Razi (gest. 1209)** unter der Überschrift „**neunzehn Beweise**" die außergewöhnliche Ranghöhe von Muhammad (s) im Vergleich zu den anderen Gesandten. Einige dieser Beweise sind nach ar-Razi folgende:

1. ***Die Umma(Gemeinschaft) von Muhammad (s) ist die angesehenste und höchste Umma****. Deshalb muss zwangsweise Muhammad (s) über die anderen Propheten erhaben sein*". „*Ihr seid die beste Gemeinde, die für die Menschen entstand (…).*" (Koran 3:110).

2. Der Prophet ist der letzte Gesandte Gottes, wonach keiner mehr ihm nachfolgen wird: „*Muhammad ist nicht der Vater irgend eines eurer Männer, sondern der Gesandte Gottes und* ***<u>der letzte der Propheten</u>****" (Koran 33:40).*

3. Ar-Razi zitiert von Bayhaki und dessen Werk „**Fedailu´s-Sahaba**" die folgende Überlieferung: „***Als der Prophet Ali ibn Talib vom weiten sah, sagte er, dass dieser der Sayyid der Araber sei****. Daraufhin fragte Aisa den Propheten, ob nicht er der Sayyid der Araber sei, woraufhin der Prophet antwortete:* „***ich bin der Sayyid der gesamten Welt und Ali nur von den Arabern.***"[210]

In einem anderen Koranvers scheinen die diversen Rangstufen der Propheten von Gott besiegelt zu sein: „*Dies sind die Gesandten.* ***Wir haben einigen von ihnen <u>den Vorrang über andere gegeben</u>****. Unter ihnen sind welche, zu denen Gott gesprochen hat, und einige,* ***<u>die Er um Rangstufen erhöht hat.</u>***"[211] **Muhammad Asad (gest. 1992)** nahm diesen Vers zum Anlass für die außergewöhnliche Erscheinung von Muhammad (s) zu interpretieren. Asad lässt keinen Zweifel daran, dass es sich in „***<u>die Er um Rangstufen erhöht hat</u>***" um eine Anspielung und auf die Besonderheit des letzten Propheten handelt: „***Dies scheint insofern eine Anspielung auf***

209 Fethullah Gülen, Muhammad der Gesandte Gottes, S. 30.
210 Fahredding Ar-Razi, Tefsir-i Kabir, Bd. 5, S. 377-385.
211 Koran 2: 252-253.

***Muhammad zu sein**, als er der Letzte Prophet und der Überbringer einer universalen Botschaft war, die für alle Menschen und alle Zeiten gültig ist.*"[212]

Nach welchen Kriterien werden die Propheten in ihren Rangstufen denn überhaupt unterschieden? Werden diese explizit im Koran genannt? Für den iranischen Politiker und Korangelehrten **Mehdi Bazargan (gest. 1995)** ist nach den Kriterien in der Zuschreibung zum „**Wunder**" der Propheten kein anderer als Jesus (a), der bei Weitem die bedeutendste Stellung haben muss. Nicht einmal Muhammad (s) könnte sich mit ihm messen. Bazargan erläutert dazu: „*Der Koran bestätigt alle Wunder und übermenschlichen Handlungen und Zeichen des Messias und schreibt sie einer höheren Macht-Gott- zu. **Er räumt Jesus Besonderheiten und eine Stellung ein, die er keinem der anderen Propheten, noch nicht einmal seinem letzten Propheten, Muhammad, zugesteht.***"[213] In „**Al-Buharyy**", der authentischsten Hadith-Sammlung der Sunniten, werden sämtliche Überlieferungen von Muhammad (s) tradiert, die im Besonderen die außergewöhnliche Stellung über Jesus (a) beschreiben soll. Danach soll nur Maria (a) und ihr Sohn Jesus (a) die einzigen in der Menschheitsgeschichte gewesen sein, die der Satan bei ihren Geburten nicht berührt habe: „*Es gibt unter den Menschen keinen Neugeborenen, der nicht bei seiner Geburt von **Satan berührt wird, und er auf Grund der Berührung durch Satan zu schreien beginnt. Nur Maria und ihr Sohn (Jesus) sind die Ausnahmen davon.***"[214] Bei näherer Betrachtung der Überlieferungen fällt jedoch unmissverständlich auf, dass der Prophet Muhammad (S) eindringlich die Muslime davor warnte, ihn nicht über andere Propheten zu stellen: „*Ich (Muhammad) stehe dem Sohn der Maria am nächsten, sowohl im Diesseits als auch im Jenseits. Die Propheten sind Brüder auf Grund des (göttlichen) Auftrags. **Ihre Mütter sind verschieden und ihr Glaube ist nur einer.***"[215]

Noch deutlicher wird der Prophet in Bezug zu seinen Vorgängern, in dem er auf die grundlegende Gleichstellung in einem Metapher hinweist: „*Mein Gleichnis mit den Propheten vor mir, ist das eines Mannes, der ein Haus gut und schön gebaut und dabei eine Stelle in **einer Ecke ausgelassen hatte, in der ein Ziegel fehlte**. Die Leute, die um das Haus herumgingen und es zu bewundern anfingen, sagten: Es wäre doch schöner gewesen, wenn der*

212 Muhammad Asad, Die Botschaft des Koran, S. 93 Fußnote 243.
213 Und Jesus ist sein Prophet, S. 26.
214 Hadith 3431, Auszüge aus dem Sahih Al-Buharyy, S. 359, Islamische Bibliothek.
215 Hadith 3443, Auszüge aus dem Sahih Al-Buharyy, S. 360, Islamische Bibliothek.

Stein an dieser Stelle angebracht worden wäre! ***Ich bin dieser Ziegel, und ich bin der letzte aller Propheten.***“[216]

Insofern sollte sich niemand anmaßen und darüber spekulieren, den einen Propheten dem anderen vorzuziehen und dabei eine “**Rangliste der Propheten**“ zu erstellen. Es liegt allein bei Gott, wessen Ansehen höher bei Ihm ist.

216 Hadith 3535, Auszüge aus dem Sahih Al-Buharyy, S. 376, Islamische Bibliothek.

Kapitel 4. Der Prophet Muhammad im Angesicht der Kritik

1. War Muhammed (s) ein Meuchelmörder?

Nichtmuslimische Historiker und Religionswissenschaftler verurteilen den Propheten des Islam als einen nicht kritikfähigen und intoleranten Menschen. So schrieb beispielsweise der Orientalist Professor Maxime Rodinson den folgenden Satz, dass „***Muhammed keinen Spott und keine Schmähreden vertrug***."[217] Gegenstand der Verurteilung von Muhammed (s) ist hauptsächlich die Geschichte um den halbjüdischen Dichter Ka´b ibn al-Aschraf. Dieser hatte nach dem Zeugnis der muslimischen Primärquellen die mekkanischen Polytheisten mit seiner Dichtkunst auf die noch zahlenmäßig geringen Muslime aufgehetzt, um diese letztendlich zu töten.[218] Der Grund war, dass viele arabisch-aristokratische Polytheisten in der Schlacht von Badr im Jahre 624 getötet wurden. Aus diesem Umstand her, erhofften sich einige dem Propheten feindlich gesinnte jüdischen Stämme aus Medina, die polytheistischen Mekkaner zu einem erneuten Angriff gegen die Muslime aufzuwiegeln. Ka´b ibn al-Aschraf nutzte in dieser Gelegenheit sein künstlerisches Talent, um die in Medina sesshaften Juden in einer Koalition mit den Götzendiener aus Mekka, zu einem erneuten Krieg gegen Muhammad (s) und seinen Anhängern anzustacheln.[219]

Nach der ältesten und bis heute erhalten gebliebenen Propheten- Biographie von **ibn Hisam (gest. 833)** wird berichtet, dass auf Anweisung von Muhammed (s) Ka´b ibn al-Aschraf exekutiert wurde.[220] Erstaunlicherweise berichten Propheten-Biographen wie Professor Muhammed Hamidullah und Muhammed Hussain Haikal, dass nicht Muhammed (s) den Tod von Ka´b ibn al-Aschraf verordnet hätte, sondern einige Muslime eigenständig handelten.[221] Die frühsten Quellen wie z. B. die von dem Historiographen **Taberi (gest. 923)** bestätigen jedoch zweifelsfrei, dass die Anordnung und

217 Maxime Rodinson, Mohammed, S. 171, 1961.
218 Siret-i ibn Hisam, Bd. 3, S. 71.
219 Marco Schöller, Mohammed, S. 46-49.
220 Detailliert: Siret-i ibn Hisam, Bd. 3, S. 71-80.
221 Detailliert Siret-i ibn Hisam, Bd. 3, S. 71-80.

Initiative vom Propheten persönlich ausgingen.[222] Der niederländische Propheten-Biograph Professor Hans Jansen ist sogar der Ansicht, dass sich die Attentate vom 6. Oktober 1981 auf den ägyptischen Präsidenten Sadat, maßgeblich von der Geschichte von Ka´b´s Schicksal beeinflusst war. Die Mörder von Sadat hätten für ihre terroristischen Ziele somit eine fundierte Grundlage in der Herangehensweise ihres Propheten gefunden: *„Sadats Mörder nahmen die Geschichte in ein Dokument auf, das einer von ihnen nicht lange vor dem Anschlag auf den Präsidenten am 6. Oktober 1981 zu seiner Verteidigung geschrieben hatte."*[223]

Der Prophet des Islam wird von seinen Kritikern als jemand dargestellt, der keine Kritik an seiner Person duldete und in diesem Zusammenhang jede Gelegenheit ergriff, Kritiker unmittelbar auszulöschen: *„Und die Lehre aus dieser Geschichte ist simpel, grob und eindeutig: Wer unanständig über muslimische Frauen oder Männer spricht, muss umgebracht werden. Mit den modernen Vorstellungen von Meinungsfreiheit, insbesondere von einer Polemik, die sich in einem gewissen Rahmen bewegt, ist dies freilich nicht in Einklang zu bringen."*[224]

Es gibt jedoch einige sehr wichtige Details in diesem historischen Ereignis, die (vermutlich) bewusst von Hans Jansen ausgelassen werden. Im ältesten Tafsir-Werk von **Mukatil bin Süleyman (gest. 767)** wird berichtet, dass Ka´b ibn al-Aschraf und seine Sippe zu allen erdenklichen Mitteln griffen, um Muhammed (s) und seinen Anhängern, die im Jahre 622 von Mekka nach Medina (Hidschra) auswanderten, zu vernichten. In einem Gespräch mit Muhammed (s) erklärte nun Ka´b ibn al-Aschraf den Propheten zum offiziellen Feind, was bis dahin nur heimlich unter ihnen zirkelte: ***„Du bist unser Feind!"***[225] Somit wurde der Gesandte Gottes öffentlich zum Staatsfeind in Medina deklariert. Im alten Arabien war die Dichtkunst das wichtigste und effektivste Werkzeug, um ganze Sippen zu diffamieren, ja sogar um nicht bevorstehende Kriege anzuzetteln. **In der heutigen Zeit könnte man dies mit den Medien vergleichen, die die Öffentlichkeit zu einer Volksverhetzung aufrufen**. Die Islamwissenschaftlerin Professorin Gudrun Krämer, fasst die weitreichende Wirkung der Dichtkunst des 7. Jahrhunderts wie folg zusammen: *„In einer Gesellschaft, in der die Kunst der Rede so hoch*

222 Tarih-i Taberi, Bd. 3, S. 172.
223 Hans Jansen, Mohammed, S. 280.
224 Hans Jansen, Mohammed, S. 281.
225 Mukatil bin Süleyman, Tefsir-i Kebir, Bd. 1, S. 475.

geschätzt wurde, ***kam der Macht des Wortes große Bedeutung zu****... Die Dichter waren in dieser Hinsicht Konkurrenten, sie konnten Muhammed- man denke an die* ***Tradition der Schmährede- unter Umständen ebenso Gefährlich werden wie bewaffnete Widersacher****.*"[226]

In ihrer Propheten-Biographie und im Zusammenhang mit der Geschichte um Ka´b ibn al-Aschraf, schildert die international renommierte Religionswissenschaftlerin Professorin Karen Armstrong die gefährliche Situation für die Muslime in Medina folgendermaßen: „*Feindselige Dichter und Poeten hatten schon immer Muhammeds tiefen Argwohn erregt:* ***Ihre Äußerungen besaßen angeblich nahezu magische Macht****.* ***In Arabien konnte ein Dichter fast so etwas wie eine tödliche Waffe sein****, und Muhammed konnte es sich nicht leisten, dass er die Gefühle in der Oase weiter aufheizte und möglicherweise auch noch die Beduinenstämme zu einer Koalition mit Abu Sufyan gegen Medina bewegte*."[227]

Es ist so offenkundig, dass der historische Kontext von vielen nicht-muslimischen Propheten-Biographen nicht berücksichtigt wird. Dem heutigen Leser wird somit der Eindruck vermittelt, dass Muhammed (s) nicht fähig war, Kritik zu dulden. Deshalb sollte sein wichtigstes Anliegen darauf abzielen, alle nicht-muslimische Dichter seiner Zeit zu exekutieren. In der Tat bezeugen die islamischen Primärquellen- wie oben dargelegt- dass einige von ihnen wie Ka ´b ibn al-Aschraf die Dichtkunst instrumentalisierten, um die Stadt Medina frei von Muslimen zu machen. Dr. Martin Lings wies bereits in seinem Werk „Muhammad" daraufhin, welche einflussreiche Stellung die Poeten im damaligen Arabien hatten: „*Unter den Arabern galt ein begabter Poet mehr als nur ein einzelner Mann, denn seine Verse waren in aller Munde. War er ein guter Mann, dann* ***war er ein machtvolles Werkzeug des Guten, war er ein schlechter Mann, dann war er ein Werkzeug des Bösen,*** *dessen es sich um jeden Preis zu entledigen galt*."[228]

226 Gudrun Krämer, Geschichte des Islam, S. 22.
227 Karen Armstrong, Muhammad, S. 254.
228 Martin Lings, Muhammad, sein Leben nach den Frühsten Quellen, S. 236.

2. Welchen Glauben hatte Muhammed (s) vor seiner Prophetenschaft?

Allgemein wird in den islamischen Geschichtswerken überliefert, dass der Prophet Muhammed (s) im Alter von 40 Jahren die ersten Offenbarungen der Sure Alaq 1-5 im Monat Ramadan von Gott erhielt.[229]

Die Gesellschaft in die er hineingeboren wurde, hatte überwiegend einen polytheistischen Glauben. Es wird auch berichtet, dass zu jenen Tagen der al-Dschahiliyya (Zeit der Unwissenheit) allein in der Kaaba 360 Götzen untergebracht und verehrt wurden.[230]

Doch was war vor seiner Berufung als Gesandter Gottes? War Muhammed (s) von klein an immer ein Gott- Verehrer? Die überwiegende Mehrheit der muslimischen Historiker geht davon aus, dass der Prophet von Geburt an von Gott rechtgeleitet wurde.

Der andalusische Historiker Al-Kilai (gest. 1237) berichtet:„*Wakidi überlieferte von Suleyman ibn Suhaim Folgendes: In Mekka befand sich ein Jude namens Yusuf. Er sagte am Tag der Geburt des Propheten noch bevor die Quraisch, also die Mekkaner davon erfuhren: „**Oh Quraisch, heute kam der Prophet eurer Gemeinschaft zur Welt**. Nachdem der Jude dies sagte, begann er herauszufinden, ob an diesem Tag in Mekka ein Kind zur Welt gekommen war. Schließlich kam er zur Sippe Abdulmuttalibs und erfuhr, dass hier ein Bub geboren worden war. Daraufhin sagte er: „**Bei der Torah, dieser Junge ist ein Prophet**.*“[231]

Auf eine Frage, ob der Prophet auch vor der Zeit der Offenbarung nur den einen Gott verehrte, antwortet der islamische Gelehrte Said Nursi (gest. 1960) folgendes: „*Er betete entsprechend der alten religiösen Tradition, so wie sie sich hinter vielen Schleiern verborgen in Arabien seit der Zeit des Ehrenwerten Ibrahim (a), erhalten hatte. Dies geschah damals jedoch nicht als Pflicht (fard) oder Zwang, sondern freiwillig und aus seiner eigenen positiven Haltung zum Gebet heraus.*“[232]

Eine Rekonstruktion der schriftlichen Quellen vor der Offenbarungszeit, weist prekäre Lücken auf. Auch die Primärquellen geben keine eindeutige Hinweise

229 Der Islam, Kultur und Geschichte-Wirtschaft und Wissenschaft, S. 25-26.
230 Malcolm Clark, Islam für Dummies, S. 98.
231 Al-Iktifa, Bd. 1, S. 167.
232 Briefe, S. 520.

darüber, welche Religion Muhammed (s) als Jugendlicher ausführte.[233]

Der indische Theologe Professor Muhammed Hamidullah (gest. 2002) musste sogar eingestehen, dass jedwede Informationen vor dem 40. Lebensjahr von Muhammed (s) nicht lückenlos zu erschließen ist. Interessanterweise vertritt Hamidullah dennoch die Ansicht: „***Über Muhammads religiöse Übungen bis zum Alter von 35 Jahren ist nicht viel bekannt,*** *außer das er, wie seine Biographen versichern, es Mekkaner gab, die ebenso handelten und die sich gegen das im Irrwahn lebende Heidentum auflehnten, obgleich sie vollkommen der Kaaba treu blieben, dem Hause, das Abraham (a) dem Einen Gott geweiht hatte.*“[234]

Bekanntlich war Abraham (a) wie der Koran versichert, kein Jude und kein Christ, sondern ein Hanif (Monotheist): „*Abraham war weder Jude noch Christ; vielmehr* ***war er lauteren Glaubens*** *(hanifem), ein ergebener, und keiner von denen, die (Gott) Gefährten beigesellen*“ (Koran 3:67). Im 6. Jahrhundert war der Hanifismus in einigen Teilen der arabischen Halbinsel verbreitet gewesen, besonders in den Städten wie Taif und Yathrib (später Madina). Zu jener Zeit bekannten sich öffentlich vier Männer zu diesem monotheistischen Glauben. Diese waren Waraqa ibn Naufal, Uthman ibn Huwairith, Ubaid Allah ibn Jahsch und Zaid ibn Amr.[235] Professor Reza Aslan beschreibt in seinem Buch „Kein Gott außer Gott“ die Begegnung vom zehn jährigen Muhammed (s) mit dem Hanifen Zaid ibn Amr. Aslan lässt keinen Zweifel hegen, dass der junge Muhammed (s) von dessen ur-monotheistischen Gedankenwelt maßgeblich beeinflusst war. Hierfür führt Aslan die folgende Geschichte aus: „*Es war, so die Chronisten, ein heißer Tag in Mekka, als Muhammad und sein Freund ibn Haritha aus Taif nach Hause zurückkehrten, wo sie zu Ehren eines der Götterbilder ein Mutterschaf geschlachtet und gebraten hatten. Als die beiden Knaben den oberen Teil des makkanischen Tals durchzogen, begegneten sie Zaid, der entweder als Einsiedler in den Bergen außerhalb von Mekka lebte oder sich eine Zeit lang in die religiöse Versenkung zurückgezogen hatte. Muhammed (s) und ibn Haritha erkannten ihn sogleich, begrüßten den Hanif mit dem Gruß der dschahiliyya (in´am sabahan) und setzen sich, um neben ihm Rast zu machen. Muhammad (s) fragte*: „***Warum, o Sohn des Amr, bist du bei deinem Volk verhasst?*** “ ***Sie gesellen dem einen Gott Gottheiten zu, und***

233 Mehmet Azimli, Siyeri farkli okumak, S. 106.
234 Der Islam, S. 17.
235 Martin Lings, Muhammad, sein Leben nach den frühesten Quellen, S. 30-31.

es widerspricht mir, es ihnen gleich zu tun, erwiderte Zaid. Ich wollte die Religion Abrahams […].

Nach dieser ersten überraschenden Begegnung mit Zaid, sollte Muhammed (s) den Götzenkult in den späteren Jahren ernsthaft in Frage gestellt haben. Weiter führt Aslan an: „***Muhammad war so betroffen von Zaids Zurechtweisungen, dass er viele Jahre später, al er die Geschichte erzählte, hinzufügte, er habe seither keines ihrer Idole mehr berührt*** […].[236]

Interessanterweise werden von Professor Aslan keine Primärquellen zu diesem historischen Vorgang aufgeführt. Seine Thesen stützten sich hauptsächlich auf die Arbeit von Jonathan Fueck, „The Originality oft he Arabian Prophet", in Studies on Islam, herausgegeben von Merlin Swartz (1981).

Als weitere Belegstelle nennt Aslan die Sure al-duha als Hinweis darauf, dass der Prophet vor seinem 40. Lebensjahr auch wie die meisten seines Stammes den Götzenkult vorgelebt haben soll: „***Hat Er dich nicht gefunden als Irrenden (dallen) und gab dir Rechtleitung*?**" (Koran 93:7).[237]

In dem Vers kommt der Begriff „**dallen**" vor, das mit „**Irrenden**" wiedergegeben ist. **Ibnul –Kelbi** (**gest. 819**) war der Ansicht, dass der Prophet Muhammed (s) vor dem Islam genauso wie die überwiegende Mehrheit seiner Zeitgenossen irregeleitet war.[238] Der katholische Theologe Professor Adel Theodor Khoury kommentiert zu recht, dass die Meinung der muslimischen Exegeten hier deutlich voneinander abweichen. So schreibt Khoury: „*Dieser Vers (93:7) hat den* ***muslimischen Kommentatoren einiges Kopfzerbrechen bereitet****. Einige wenige von ihnen nehmen den Vers wörtlich und sagen, Muhammad (s) habe der falschen Religion seiner polytheistischen Landsleute vierzig Jahre lang angehangen…*".[239]

In seiner Koranexegese weist auch Abul-Ala Mavdudi darauf hin, dass der Begriff „**dallen**" verschiedene Bedeutungen haben kann wie z. B: einen Irrenden oder jemanden, der verwirrt ist und nicht genau weiß, welchen Weg er einschlagen soll.[240]

---

236 Kein Gott außer Gott, S. 33-38.
237 Übersetzung nach Milad Karimi.
238 Fahreddin er-Razi, Mefatihul´l-Gayb, XXXI, S. 195.
239 Der Koran, Übersetzt und kommentiert, S. 574.
240 Tefhimul-Kuran, Bd. 7, S. 156-157.

Im islamischen Wörterbuch wird „**dalle**" wie folgt beschrieben: „*Einer, der den Weg verloren hat; der von der Rechtleitung abgekommen ist.*[241] Erstaunlicherweise werden diese Begebenheiten in vielen Propheten-Biografien erst gar nicht erwähnt, geschweige denn auf die Problematik der Koranstelle eingegangen: „***Hat Er dich nicht gefunden als Irrenden (dallen) und gab dir Rechtleitung****?* (Koran 93:7). Selbst in den zeitgenössischen Werken der Koranexegeten wird die Überlieferung von Ibnul-Kelbi (gest. 819) nicht tradiert. Vielmehr wird sie nahezu komplett ausgeblendet. Auch modern kritische Islamwissenschaftler wie Professor Tariq Ramadan, gehen auf die historischen Diskurse nicht ein.[242] Vermutlich erscheint für die gläubigen Muslime bereits die Vorstellung darüber, dass Muhammed (s) vor seiner Prophetenschaft einen polytheistischen Glauben praktiziert haben soll, ungeheuerlich. „*Beim Vormittag und bei der Nacht, wenn alles still ist! Dein Herr hat dich weder verlassen, noch verabscheut. Wahrlich, das Jenseits ist besser für dich als das Diesseits. Und wahrlich, dein Herr wird dir geben und du wirst wohlzufrieden sein.* ***Hat Er dich nicht als Waise gefunden und aufgenommen und dich auf dem Irrweg gefunden und richtig geführt und dich dürftig gefunden und reich gemacht****? Darum unterdrücke nicht die Waise und fahre nicht den Bettler an und sprich überall von der Gnade deines Herrn*" (Koran Sure 93).

241 Islami Terimler Sözlügü, S. 93.
242 Auf den Spuren des Propheten, S. 29, 2007.

3. Waren die Propheten sündenfrei?

In der ältesten und bis heute erhalten gebliebenen Propheten-Biografie von Ibn Hischam (gest. 828), wird der folgende Bericht über den Propheten Muhammed (s) tradiert: „*Zwei Männer in weißen Gewänder kamen, machten meine Brust auf, entfernten etwas, machten sie wieder zu und gingen fort.*“[243]

Die traditionellen Theologen haben diesen Bericht dahingehend interpretiert, dass Muhammed (s) schon von seiner Pubertät an bis zu seinem Tod als sündenfrei galt. Deshalb wird in den meisten klassischen Katechismen (türk. Ilmihal) detailliert „**über die Sündenlosigkeit des Propheten**“ ausführlich geschrieben. Darin heißt es, dass zu den notwendigen Eigenschaften eines Propheten zweifelsfrei die Sündenlosigkeit gehört. In den Publikationen der Präsidentschaft für Religiöse Angelegenheiten (Diyanet) heißt es unter anderem: „***Da Propheten eine Vorbildfunktion innehaben, beschützt Gott sie vor Sünde und Vergehen. Diese Eigenschaft ist allein den Propheten eigen***.“[244] Die Auslegung der Sure 80 Vers 1-12 ist ein Dauerstreitpunkt unter den islamischen Gelehrten. In der Sure wird folgendes berichtet: „*Er runzelte die Stirn und wandte sich ab, als der blinde Mann zu ihm kam.* ***Was lässt dich aber wissen, dass er sich nicht reinigen wollte, oder dass er Ermahnung suchte und ihm somit die Lehre nützlich würde****? Wer aber es nicht für nötig hält, dem kommst du (bereitwillig) entgegen, ohne dir etwas daraus zu machen, dass er sich nicht reinigen will.* ***Was aber den anbelangt, der in Eifer zu dir kommt und gottesfürchtig ist, um den kümmerst du dich nicht. Nicht so****. Wahrlich, dies ist eine Ermahnung, so möge, wer da will, diesem eingedenk sein*“. Im Korankommentar „Al-Kaschaf“ von Zamakhschari (gest. 1140) wird überliefert, dass ein Blinder namens Abdalla ibn Schurayh den Propheten um Belehrung bat, wo dieser doch bereits in einem Gespräch mit einem vornehmen Quraischiten war. Muhammed (s) fühlte sich durch den blinden Mann gestört, so dass er die Stirn runzelte und sich von diesem abwandte. Deshalb wurde Muhammed von Gott ausdrücklich mit den Worten gerügt: „***Was aber den anbelangt, der in Eifer zu dir kommt und gottesfürchtig ist, um den kümmerst du dich nicht. Nicht so.***“[245] Für den deutschen Muslim Dr. Murad Wilfried Hofmann besteht kein Zweifel, dass der Prophet Muhammed in den oben zitierten Koranversen

243 Ibn Hischam, Sira, Bd. 1, S. 165.
244 Grundzüge islamischer Religion, S. 58, Ankara 2004.
245 Al-Kaschaf, Bd. 4, S. 217.

getadelt wird. Dennoch weist Hofmann darauf hin: „***Dass der Koran Kritik an Muhammed enthält, ist Indizienbeweis dafür, dass er keineswegs Autor des Buches ist, sondern seinen Text als Gotteswort respektiere***."[246] Nach den islamischen Prediger Fethullah Gülen sind die Orientalisten hauptsächlich schuld daran, dass sämtliche muslimische Koranexegeten die Sündenlosigkeit der Gesandten Gottes ausschließen. Gülen verteidigt unter allen Umständen die Sündenfreiheit der Propheten und führt dabei folgendes an: *„Noch tragischer und bedauerlicher ist aber, dass selbst in der muslimischen Welt einige sogenannte Forscher, die unter dem* ***Einfluss von Orientalisten oder weltlichen Verlockungen standen****, sehr respektlos mit der Prophetenschaft, dem Gesandten Gottes und der Sunna umgegangen sind*."[247] Auch zählt Gülen einige Punkte auf, weshalb Muhammed (s) in der Sure Abasa (80:1-12) nicht von Gott kritisiert wurde und diese auch äußerst fragwürdig ist. So beschreibt er: *„Die Verben die Stirn runzeln und sich abwenden von, werden im Koran an keiner Stelle in Verbindung mit einem Propheten benutzt; sie werden sogar noch nicht einmal für gewöhnliche Gläubige verwandt. Sie stehen in der dritten Person Singular, ohne dass der Name des Propheten genannt würde, und drücken Missachtung und Erniedrigung aus. Auch die folgenden Ausdrücke werden nur für die Führer der Ungläubigen gebraucht.* ***Man kann deshalb ausschließen, dass dieser Tadel auf den Gesandten Gottes zielte.***[248]

Die Nestorin der deutschen Islamwissenschaft und Friedenspreisträgerin des deutschen Buchhandels Professorin Annemarie Schimmel, veröffentlichte im Jahre 1981 ihre aufsehenerregende Propheten-Biografie „**Und Muhammad ist Sein Prophet**". Unter dem Kapitel „**Die Sündenlosigkeit des Propheten**" widerspricht sie Fethullah Gülen vehement und erläutert zugleich, dass die Theorie der Sündenlosigkeit hauptsächlich durch schiitische und sufische Einflüsse in die islamische Literatur Eingang gefunden hat. So schildert sie in ihrem Werk: „***Bei der Entwicklung der Lehre von der absoluten Sündlosigkeit des Propheten scheinen schiitische Einflüsse eine Rolle gespielt zu haben***" [...] „***Die islamische Mystik hat zweifellos an der Entwicklung der Lehre von der absoluten Sündenfreiheit des Propheten einen wichtigen Anteil gehabt*** [...]."[249]

246 Koran Einführung, S. 23.
247 Muhammad, Der Gesandte Gottes, S. 192.
248 Muhammad, Der Gesandte Gottes, S. 192.
249 Und Muhammad ist Sein Prophet, S. 88-90.

Für den Bestsellerautor und ehemaligen Dekan der Theologischen Fakultät von Istanbul Professor Yasar Nuri Öztürk, gibt es keinen Zweifel darüber, dass die Propheten gesündigt hätten. Die traditionellen Gelehrten würden aus Respekt vor den Propheten bekunden, dass sie nicht gesündigt, sondern in gewissen Situationen von Gott nur getadelt wurden. Öztürk führt Koranverse an, die offenkundig vom Fehlverhalten und Sünden der Propheten schildern wie z.B in der Sure 47 Vers 19: „*und bitte um* ***Vergebung für deine Schuld*** *und für die gläubigen Männer und die gläubigen Frauen*“ und in der Sure 40 Vers 55 „*Und suche* ***Vergebung für deine Sünden*** *und lobpreise deinen Herrn am Abend und am Morgen.*“[250] Öztürks Sichtweise wird ausnahmslos von dem Theologen Professor Süleyman Ates unterstrichen. Diverse Koranstellen weisen nach Ates darauf hin, dass keine Propheten von der Sündenlosigkeit ausgeschlossen seien. Als Belegstelle wird von Ates die Sure 11 Vers 42-46 aufgeführt:

„*Und es (das Schiff) fuhr mit ihnen über Wogen gleich Bergen einher, und Noah rief zu seinem Sohn, der sich abseits hielt: “0 mein Sohn, steige mit uns ein und bleibe nicht bei den Ungläubigen!*“

*Er sagte: “Ich will mich sogleich auf einen Berg begeben, der mich vor dem Wasser retten wird.” Er (Noah) sagte: “Es gibt heute keinen Retter vor Allahs Befehl – (Rettung) gibt es nur für jene, derer Er Sich erbarmt.” Und die Woge brach zwischen den beiden herein, (und) so war er unter denen, die ertranken. Und Noah rief zu seinem Herrn und sagte: “Mein Herr, mein Sohn gehört doch zu meiner Familie, und Dein Versprechen ist doch wahr, und Du bist der beste Richter. Er (Gott) sprach: “**0 Noah, er gehört nicht zu deiner Familie; siehe, dies ist kein rechtschaffenes Benehmen**. **So frage Mich (Gott) nicht nach dem, von dem du keine Kenntnis hast. Ich ermahne dich, damit du nicht einer der Toren wirst.** Er (Noah) sagte: “Mein Herr, ich nehme meine Zuflucht bei Dir davor, dass ich Dich nach dem frage, wovon ich keine Kenntnis habe. **Und wenn Du mir nicht verzeihst und Dich meiner nicht erbarmst, so werde ich unter den Verlierenden sein**“* (Koran 11:42-46). Hiernach wollte Noah (a) einen Versuch starten, um seinen Nichtgläubigen Sohn vor dem Ertrinken zu retten, obwohl Gott ihm zuvor mitgeteilt hatte, dass sein Sohn wegen seiner Glaubensverweigerung umkommen werde: „*Und Noah rief zu seinem Herrn und sagte: “**Mein Herr, mein Sohn gehört doch zu meiner Familie, und Dein Versprechen ist doch wahr, und Du bist der beste Richter. Er (Gott) sprach: “0 Noah, er***

250 Yasar Nuri Öztürk, Kuranin Yarattigi Mucize Devrimler, S. 68.

gehört nicht zu deiner Familie; siehe, dies ist kein rechtschaffenes Benehmen. So frage Mich (Gott) nicht nach dem, von dem du keine Kenntnis hast. Ich ermahne dich, damit du nicht einer der Toren wirst" (Koran 11:42-46).

Ates schlussfolgert deshalb, dass auch Propheten nur Menschen und keine Engel waren: *„Sprich: "Ich (Muhammed) bin* ***nur ein Mensch wie ihr****, doch mir ist offenbart worden, dass euer Gott ein Einziger Gott ist*" (Koran 18:110).

Demnach sei es natürlich, wenn die Boten Gottes außerhalb der Grenzen der Offenbarung auch Fehler oder Sünden begehen. Dies schmälert keineswegs das Ansehen der Propheten. Die Verkündigung und Offenbarung der Schrift wurden von Gott und seinen Engeln geschützt.[251]

„Wahrlich, Wir Selbst haben diese Ermahnung hinabgesandt, und sicherlich werden Wir ihr Hüter sein" (Koran 15:9).

251 Süleyman Ates, Kuran Ansiklopedisi, Bd. 26, S. 31-33.

4. Ist der Prophet Mohammed eine Fiktion oder eine historische Persönlichkeit?

Für eine Gruppe von westlichen Islamwissenschaftlern steht eines fest, dass der Prophet des Islam eine legendäre Konstruktion sei, die hauptsächlich im 9. und 10. Jahrhundert erfunden worden ist. Diese gehen sogar soweit und behaupten, dass Mohammed (a) nur eine Phantasie der Araber sei.[252] Einer der intensivsten Vertreter dieser These in Deutschland ist der in Saarbrücken lehrender Professor Karl Heinz Ohlig. Mit seinem aus dem Jahre 2005 erschienenen Buch “Die dunklen Anfänge“, wurde eine heftige und lang andauernde Diskussion unter den Fachleuten entbrannt.[253] Ohlig schrieb in seinem Pamphlet folgendes: *„Die ersten beiden islamischen Jahrhunderte liegen im Dunkel der Geschichte,und es bleibt unerklärlich, wieso die Bildung islamischer Großreiche keine Zeugnisse hinterlassen haben soll, noch nicht einmal bei den Gegnern der Araber, den viel schreibenden Byzantinern, oder bei Juden und Christen unter angeblich islamischer Herrschaft.*“[254] Auch über die Grenzen der Bundesrepublik hinaus wird das Thema ausführlich disputiert. Die zwei Wissenschaftler und Publizisten, Yehuda D. Nevo und Judith Koren, gehen in ihrem Buch „**Crossroads to Islam**“ aus dem Jahre 2003 sogar so weit, Mohammed (s) als historische Figur infrage zu stellen: „**Mohammed (s) ist keine historische Figur und seine Biografie ist ein Produkt der Zeit [9. Jahrhundert], in der sie geschrieben wurde**“. Gab es den Propheten des Islam tatsächlich nur als eine Fiktion des 9. Jahrhunderts? Was sagen die Primärquellen dazu? Kann das Wirken des Propheten mit schriftlichen Quellen nachgewiesen werden?

Murad Wilfried Hofmann stellt einen Vergleich zwischen der historischen Überlieferung der Bibel und der Quellenlage über die Geschichtlichkeit Muhammeds (s) dar: *„Wegen der äußerst prekären Quellenlage des Neuen Testaments gilt es heute auch unter christlichen Theologen als aussichtslos, die konkrete Geschichtlichkeit von Jesus zu beweisen; vom verkündeten Jesus weiß man viel, vom verkündenden Jesus wenig.* **Im Gegensatz dazu sind Leben und Wirken Muhammads (s) in allen Einzelheiten dokumentiert. Über keine Persönlichkeit der Spätantike weiß man so gut**

252 Mohammed, Rainder Brunner, S. 32-38.
253 Bild Mohammeds ist ein Konstrukt, Joachim Frank, 18.11.08 Kölner Stadt-Anzeiger.
254 Die dunklen Anfänge. Neue Forschungen zur Entstehung und frühen Geschichte des Islam, Berlin 2005.

Bescheid wie über ihn."[255] Die wichtigste Quelle zum Diskurs über die Historizität des Propheten, bietet zweifelsohne die heilige Schrift des Islam. Im Koran wird Mohammed (s) insgesamt namentlich viermal erwähnt. Wie z. B. in der Sure al-Fath Vers 29: „**Muhammad** *ist der Gesandte Gottes*" oder in der Sure al-Azhab, Vers 40: „**Muhammad** *ist nicht der Vater eines eurer Männer, sondern der Gesandte Gottes und der letzte aller Propheten, und Gott besitzt die volle Kenntnis aller Dinge*". Die oben aufgeführten Koranverse implizieren ohne Zweifel einen Gesandten Gottes, mit dem Namen Mohammed (S). Der Katholische Gelehrte und Koran-Übersetzer Prof. Hans Zirker, musste nach jahrzehntelanger Forschung zum Koran folgendes feststellen: *„Doch spricht vieles dafür, dass dieses Buch (der Koran) die authentischen, von Mohammed vorgetragenen Texte enthält."*[256] Auch der katholische Islamologe Louis Gardet (1904-1986) kommt wie Zirker zum selben Ergebnis. In der deutschen Erstveröffentlichung aus dem Jahre 1961 heißt es: „**Der Text des Koran ist, entsprechend der arabischen Schrift, in den Konsonanten unveränderlich.**"[257] Die erste Biografie über den Propheten verfasste Ibn Ishaq (704-767) mit dem Titel: „**Das Leben des Propheten**" etwa hundert Jahre nach dem Tod des Gesandten. Prof. Gernot Rotter übersetzte diese älteste erhalten gebliebene Biografie von Ibn Ishaq ins Deutsche. Bereits im Vorwort zu der ersten Auflage im Jahre 1976, schrieb Rotter: *„Der eigentliche Text, wie er uns noch heute vorliegt, ist demnach etwa 120 Jahre nach Mohammeds Tod von Ibn Ishaq niedergeschrieben bzw. diktiert worden. Aus unabhängigen Vergleichszitaten ergibt sich außerdem, dass auch Ibn Ishaq den weitaus überwiegenden Teil seines Materials oft wörtlich von seinen Lehrern übernommen hat und somit die Berichte bereits im ersten islamischen Jahrhundert teils schriftlich, teils mündlich in Umlauf waren. So hatte sein von ihm häufig zitierter Lehrer Zuhuri (gest. um 742) bereits ein- heute verlorenes Buch über die Schlachten des Propheten geschrieben, und das gleiche trifft wahrscheinlich auf seinen Zeitgenossen* **Asim ibn Umar** *zu. Eine weitere Hauptquelle Ibn Ishaqs,* **Urwa ibn Zubair** *(gest. 712), ein Großneffe der ersten Frau des Propheten und möglicherweise der Begründer der Propheten-Biografie überhaupt, führt uns in noch frühere Zeit*[258]. Die international anerkannte Religionswissenschaftlerin und Bestseller Autorin Karen Armstrong, kommt nach langjähriger

255 Murad Wilfried Hofmann, Islam, S. 17-18.
256 Der Koran. Zugänge und Lesarten, S. 41.
257 Louis Gardet, der Islam, S. 19.
258 Das Leben des Propheten, Ibn Ishaq, S. 13-14.

historisch-kritischer Forschung über das Leben Mohammeds (s), zu der folgenden Schlussfolgerung: „*Schon in der klassischen islamischen Periode haben vier bedeutende Historiker Biografien über ihn geschrieben*. **Muhammed ibn Ishaq** (704-767), **Muhammed ibn Sad** (gest. 845), **Abu djafar al-Tabari** (gest. 923) und **Muhammed ibn Umur al-Waqidi** (gest. 820). Es sind entscheidende Quellen für jede Biografie Muhammeds. *Die Historiker bezogen sich auf mündliche Überlieferungen, die von den ersten Gefährten des Propheten späteren Generationen weitergegeben wurden. Im 9. Jahrhundert überprüften Historiker wie Muhammad ibn Ismail al-Buchari und Muslim ibn al-Hijjaj al-Qushayri sorgsam die Herkunft jeder einzelnen Überlieferung (hadith), um sicherzustellen, dass sie auch verlässlich dokumentiert war.*[259] Der muslimische Gelehrte Prof. Muhammed Hamidullah veröffentlichte die „sechs Original diplomatischen Briefe“ des Propheten. Darin wandte sich der Prophet an die umgebenden Herrscher. Interessanterweise lassen sich alle sechs diplomatischen Briefe direkt auf den Propheten zurück führen. Die originalen Manuskripte werden mit Kopien vollständig angegeben, so auch gegenüberstellend die Übersetzung. Umfangreich werden zudem die Aufenthaltsorte der erhalten gebliebenen Manuskripte ausführlich aufgelistet.

Hamidullah bedauert in seiner Studie: „**Von den über hundert Briefen des Propheten, sind uns heute nur sechs davon vollständig erhalten geblieben**.“[260] Die christlichen Chronisten berichteten bereits umfangreich und detailliert im 7. Jahrhundert über die Ereignisse der neuen aufstrebenden Religion des Islam und den Propheten.[261] Alfred Hackensberger ist der Meinung, dass die Debatte hauptsächlich ideologisch geführt wird und vermisst deshalb eine sachlich fundierte Auseinandersetzung mit solch einem heiklen Thema. So Hackensberger: „*Christliche Fundamentalisten hätten sicherlich ihre Freude daran, die Hauptfigur der* **islamischen Religionsgeschichte zu demontieren und ihr Christentum wissenschaftlich als die einzig wahre Religion zu beweisen**.“[262] Auf die Anfrage, ob Mohammed (s) existiert habe, gab der Theologie Professor Tilman Nagel folgende Antwort: „*Es gibt zu Mohammed außerordentlich umfangreiche, voneinander unabhängige zeitgenössische Quellen – viel mehr als etwa über Jesus. Wären sie alle Fiktion, hätte es zur damaligen Zeit*

259 Muhammad, Karen Armstrong, S. 56-57.
260 Hz. Peygamberin Alti Orijinal Diplomatik Mektubu, S. 61.
261 Chronique dite de Fredegaire, Bd. 4, S. 66. J.-M. Wallace- Hadrill.
262 Lexikon der Islam-Irrtümer, S. 216.

eine Art „Reichsschrifttumkammer" geben müssen, die alle Quellen gemäß dieser Fiktion frisiert hätte. Eine absurde Vorstellung! Wenn Sie die Existenz Mohammeds aufgrund der Quellenlage bezweifeln wollten, müssten Sie dasselbe mit Blick auf Caesar, Karl den Großen oder jede andere historische Figur tun."[263]

---

263 Bild Mohammeds ist ein Konstrukt, Joachim Frank, 18.11.08 Kölner Stadt-Anzeiger.

Kapitel 5. Die islamischen Grundsätze aus einem kritischen Blickwinkel

1. Ist die Sunna auch eine göttliche Offenbarung, die mit dem Koran gleichzustellen ist?

Auf die Frage, ob der Koran für die Interpretation und das Praktizieren der Religion allein ausreicht oder nicht, wird zunehmend seit dem 19. Jahrhundert umstritten diskutiert. Nach Dr. Ali Özgür Özdil ist die Aufgabe der Sunna nicht nur primär den Koran zu erläutern, sondern seine wichtigste Komponente besteht zweifelsfrei darin, den Koran weitestgehend zu ergänzen: *„Eine weitere Besonderheit der Sunna ist, dass es viele Situationen gab,* ***wo der Prophet die Offenbarungen erläutern oder ergänzen musste****. Z. B. in Bezug auf das Gebet: Der Koran gibt keine direkten Anweisungen wann, wie oft und wie gebetet werden soll. In einer Überlieferung heißt es dagegen: „Betet so, wie ihr mich beten gesehen habt.“*[264] Als Nachweis für die Autorisierung der Sunna gibt Özdil die folgenden Koranstellen an: *„Im Gesandten Gottes habt ihr doch ein* ***schönes Beispiel***“ (Koran 33:21) und weiter *„Was der Gesandte euch nun* ***gibt, das nehmt an; und was er untersagt, dessen enthaltet euch***! (Koran 59:7).[265]
Bemerkenswerterweise schildert der türkische Koranexeget Mustafa Islamoglu, dass insbesondere die unkonventionelle Grundhaltung, die Sunna komplett zu leugnen, erst in dem damals kolonisierten Indien als eine bestimmte Reformbewegung hervorgetreten sei. Diese Bewegung wurde unter dem Namen „Koraniten“ (el-Kur´an´iyyun) berühmt. Seine bekanntesten Vertreter waren: „Abdullah Cekralevi (gest. 1918), Ahmeduddin Amritsari (gest. 1936), el-Hafiz Eslem Ciracpuri (gest. 1947), Inayetullah Khan el-Mesriki (gest. 1963) und Gulam Ahmad Parviz (gest. 1985). Für Islamoglu war dies ohne weitere eine Intention der Orientalisten gewesen, die bei den Muslimen den Gedanken hervorheben, die Sunna (Lebensweise und Haltung des Propheten) mitsamt ihrer Orthopraxie im Angesicht der Moderne als weit überholt verwerfen zu müssen. Doch gesteht Islamoglu unweigerlich auch ein, dass die Schuldzuschreibung zur Förderung der „Koraniten“ im

264 Al-Buhari, Adan 18, Was ist Islam, S. 27.
265 Was ist Islam, S. 25.

damaligen Indien nicht allein auf die Orientalisten anzulasten ist: *„Den Gedanken nach einem **Islam im Koran**, wurde unter den Einfluss des orientalistischen Projektes herbeigeführt. Aber die Verantwortung **nur auf das orientalistische Projekt zu verschieben**, ist auch nicht ganz richtig."*[266] Selbst die sogenannten Rechtsbestimmungen werden im großen Umfang von der Sunna des Propheten bestimmt. Vor allem besteht ihre Funktion auch darin, nicht nur die Religion zu erläutern, sondern auch die Anweisungen des Korans deutlicher zu präzisieren: *„Die Frage, ob die Sunna als Quelle des islamischen Rechts dem Koran in seiner gesetzgeberischen Funktion ähnelt, ist ohne weiteres zu bejahen. Ihrer interpretatorischen Funktion nach ist die Sunna jedoch mehr danach ausgerichtet, konkrete Bestimmungen zu geben oder **die allgemeinen Anweisungen des Korans zu präzisieren.**"*[267] Bereits im 14. Jahrhundert wies der andalusische Gelehrte **al-Schatibi (ges. 1388)** in seinem monumentalem Werk „al-Muwafaqat" darauf hin, dass die Sunna in seiner Bandbreite den Koran umgehend erläutert. Deshalb wäre es unter keinen Umständen hinnehmbar, die Sunna als Instrument zur Interpretation der Heiligen Schrift beiseite stehen zu lassen. Somit könnte kein Urteil aus dem Koran unter nicht Berücksichtigung der Sunna abgeleitet werden. Al-Schatibi (gest. 1388) schreibt dazu: *„Bei der Ableitung von Urteilen aus dem Koran ist es nicht möglich, **die Sunna, die dessen Auslegung und Erklärung darstellt, beiseite zu lassen** und sich mit der ausschließlichen Betrachtung des Korans zu begnügen.*

*Denn der Koran ist umfassend formuliert (kulli). In ihm sind umfassende Dinge wie das Gebet, die Zakah (Sozialsteuer), die Pilgerfahrt und das Fasten erwähnt. **Es gibt keinen anderen Weg als das Heranziehen der Sunna, die ihn (den Koran) erklärt.**"*[268] Auf die Wichtigkeit der Überlieferungen in ihrer primären Aufgabe den Koran zu ergänzen und zu erläutern, verfasste der Hadith Gelehrte **Ibn Hadschar al-Asqalani (gest. 1449)** das auch bis heute maßgeblich für die Studenten der Hadithwissenschaft gewordene Buch „Bulugu´l –meram minedilleti´l-ahkam". Hierin werden insgesamt 16 Hauptthemen behandelt. Die wiederum in mehrere Kapitel gegliederten Sachverhalte werden eingehend mit der Angabe der entsprechenden Hadithe erläutert. Al-Asqalani verwendet bis zu **1569** rechtsbestimmende (ahkam) Hadithe an, um auf die besondere

266 Mustafa Islamoglu, Üc Muhammed, S. 192-194.
267 Prof. A. Falaturi, Grundkonzept und Hauptideen des Islam, S. 19.
268 Abu Hanifa, Leben und Werk des Ehrenhaften Großgelehrten, S. 509, Muhammad Abu Zahra.

unverzichtbare Stellung der Sunna aufmerksam zu machen.[269] Somit wäre eine richtige Deutung des Korans ohne die Einbindung und Kenntnis der Überlieferungen auch nur annähernd nicht möglich. Bis heute vertritt eine nicht zu unterschätzende Anzahl von Rechtsgelehrten die Sichtweise, dass die Sunna keineswegs dem Koran als Primärquelle untergeordnet sei, sondern so wie dieser göttlichen Ursprungs ist. Aus diesem Grund wäre eine Klassifikation zwischen Koran und Sunna von vornerein zum Scheitern verurteilt: „***Die Sunna***, *d. h. die Verhaltensweise des Propheten (s.a.s.) in religiösen Dingen nach Beginn seiner Gesandtschaft,* ***gilt als Offenbarungstext*** *[...]* ***Somit gelten alle religiösen Handlungen des Propheten (s.a.s.) als von Allah so bestimmt.***“[270] In der Tat wurde nachweislich die Gleichstellung von Koran und Sunna bereits in der Frühzeit des Islams ausführlich von namhaften Rechtsgelehrten definiert. Es war kein anderer als **Imam Schafi (gest. 820)**, der in seinem Hauptwerk „**Ar-Risala**“ (die Botschaft) die Sunna systematisch auf die gleiche Stufe und Stellenwert des Korans erhob. Bedeutende Gelehrte wie z. B. **al-Zarkaschi (gest. 1392)** waren sogar der Ansicht, dass Imam Schafi der Erste war, der die Prinzipien des Usul al-Fiqh (Quellenlehre der islamischen Bestimmungen) niederschrieb.[271] Als Beleg für die Gleichsetzung der Sunna des Propheten mit der Offenbarung des Koran, führte asch-Schafi sämtliche Koranstellen wie diese folgende auf: „*Gedenkt stets der Gaben Gottes, des euch* ***herabgesandten Buches*** *und der* ***offenbarten Weisheit***“ (2:231).„***Er ist es, Der unter den Schriftunkundigen einen Gesandten aus ihrer Mitte erweckt hat, um ihnen Seine Verse zu verlesen und sie zu reinigen und sie die Schrift und die Weisheit zu lehren***“ (62:2).In den beiden oben angeführten Koranversen wird unmittelbar nach dem Buch (Koran) bzw. nach der Schrift die **Weisheit** (arab. hikmati) postuliert. Für asch-Schafi stellt eben diese **Weisheit** ein Synonym für die Sunna des Propheten (s) dar. Gewiss wird daher die Befolgung der Sunna zur unbestreitbaren Pflicht deklariert: „*Gott hat die Befolgung der Offenbarung (Koran) und* ***die Sunna des Propheten zur Pflicht erklärt***“. [...] *Gott hat das Buch erwähnt, dies ist ohne Zweifel der Koran. [...] Hier kann nur gesagt werden, dass hier mit der* ***Weisheit*** *nur die* ***Sunna des Propheten gemeint sein kann.***“[272] Ein gewisser Koranvers soll sogar explizit zum Ausdruck bringen, dass selbst der

269 Bulugu´l-Meram- Ahkam Hadisleri, S. 9.
270 Methodenlehre der Ermittlung rechtlicher Bestimmungen aus Koran und Sunna, S. 25.
271 Al-Bahr al-Muhit.
272 Ar-Risala, S. 50-51, asch-Schafi.

Prophet von Gott befähigt wurde, Erlaubtes und Verbotenes eigenständig ausführen zu dürfen: *„und die das nicht **für verboten erklären**, was Gott und **Sein Gesandter für verboten erklärt haben**“* (9:29). **Fahreddin ar-Razi (gest. 1209)** kann zumindest im aufgeführten Vers, unabhängig vom Wortlaut des Korans, nicht gänzlich ausschließen, eine Option zur Legitimation des Propheten zu sehen, implizite Verbote eigenwillig aufstellen zu dürfen. *Ar-Razi schreibt dazu: „Sie erkennen nicht das an, was der Koran und **die Sunna des Gesandten für verboten erklärt haben.**“*[273] In der langjährigen islamischen Geschichte profilierte sich unteranderem der aus Cordoba stammende Universalgelehrte **ibn Hazm (gest. 1064)**, besonders durch die theologischen Diskurse, die weit über die Landesgrenzen hinweg geführt wurden. Nach ibn Hazm hatte Gott schon seit Beginn der Offenbarung alle Einzelheiten bis ins kleinste Detail im Buch bekundet, da der Koran selbst versichert hat, alles im Buch (Koran) aufgezeichnet zu haben. Als Referenz werden von ibn Hazm die folgenden Koranverse dargelegt: ***„Nichts haben Wir in dem Buch ausgelassen“*** (Koran 6:38) und ***„Und Wir haben dir das Buch zur Erklärung aller Dinge herniedergesandt“*** (Koran16:89) sowie ***„Heute habe Ich euch eure Religion vervollkommnet und Meine Gnade an euch vollendet*** (Koran 5:3). Ähnlich wie bei asch-Schafi hielt auch ibn Hazm die Sunna des Propheten für eine göttliche Offenbarung. Im Koranvers: *„**noch spricht er (Muhammad)** aus Begierde“* (53:3) wird von Gott ausdrücklich erläutert, dass alles wie der Prophet zu seiner Lebzeit gehandhabt hat, auf die Göttliche Offenbarung zurückzuführen sei. Deshalb gliedert ibn Hazm die Offenbarung (wahy) in zwei ergänzende Komponenten, **erstens die gelesene Offenbarung** (wahy-i-metluv), dem Koran und als **zweite** führt er die Überlieferten Hadithe des Propheten (Wahy-i-mervi) auf. Somit werden alle authentischen Aussagen und Handlungen des Propheten triebhaft auf denselben Status wie dem des Korans autorisiert und dürfen aus den genannten Gründen auch nicht voneinander separat betrachtet werden.[274] Im Hadith-Kompendium von **ad-Darimi (gest. 869)** wird von Hassan **ibn Atiyye (gest. 737)** die folgende Aussage überliefert: ***„Der Erzengel Gabriel hat genauso wie den Koran auch die Sunna herabgesandt.“***[275] Entgegen dieser Sichtweise weist der Ankaraner Theologe Prof. Ilhami Güler mit Besorgnis darauf hin, dass ausgerechnet mit diesem

---

273 Mefatihul-Gayb, Bd. 11, S. 474, Huzur Yayinevi.
274 Ibn Hazm, el-ihkam fi Usuli´l-Ahkam, Beyrut 1980, Bd. 1, S. 96-98 aber auch: Mezhepler Tarihi, S. 616- 630, Muhammad Abu Zahra.
275 Darimi, Mukaddime, Nr. 49.

Überlieferungsmaterial und der daraus resultierten Herangehensweise alle juristischen Merkmale wie die des idschma (Konsens) und qiyas (Analogieschluss) vergöttlicht werden.[276] Somit wird der eigenständige Bezugsrahmen zum Offenbarungstext von Anfang an beschnitten, so dass von einer individuell interpretierten Religiosität ganz zu schweigen wäre.

Doch bleibt die Frage noch offen, welche Überlieferungen letztendlich denn genau als göttlich zu bewerten sind. In den großen Hadith-Sammlungen werden nahezu hunderttausende Hadithe registriert. Wenn die Sunna als solche in ihrer Gesamtheit als Offenbarung (wahy) angesehen wird, weshalb werden diese unterschiedlich in ihrer Authentizität bewertet? In seinem Aufsehen erregenden Buch „**Scharia-der missverstandene Gott**, geht der Münsteraner Religionspädagoge Prof. Mouhanad Khorchide dieser Problematik umfangreich und detailliert nach und zeigt anhand von Primärquellen, wie prekär die Situation um die Hadithe bestellt sind.[277] Khorchide wirbt für einen sensiblen und kritischen Umgang mit den Hadithen und keinesfalls diese pauschal zu verwerfen.

Auch wird nachdrücklich darauf hingewiesen, wie wegweisend Überlieferungen in Bezug auf die Ausführung religiöser Rituale sind: *„Diese Ausführungen sollten die Notwendigkeit eines* ***sensiblen und kritischen Umgangs mit den Hadithen*** *unterstreichen, aber keineswegs die* ***Hadithe pauschal verwerfen****. Gerade solche Hadithe, die das* ***Ausführen religiöser Rituale betreffen, sind für die Muslime unentbehrlich****, da im Koran kaum Details dazu zu finden sind."*[278] Auch der Gründer der Hanafitischen Rechtsschule Abu Hanifa (gest. 767) bemühte sich indessen, sorgfältig und kritisch reflektierend mit dem Überlieferungsmaterial umzugehen. Bekanntlich überlieferte Abu Huraira (gest. 678) die meisten Hadithe im sunnitischen Raum, um genau zu sagen 5374 Hadithe in der Gesamtzahl. Obwohl Abu Huraira eine sonderliche Stellung innerhalb der sunnitischen Welt einnimmt, wird dieser ungeachtet von Abu Hanifa wegen seiner über den Inhalt nicht scharfsinnig nachgedachtes Tradieren sowie leidenschaftlich alles zu überliefern, kritisiert. Der Schüler von Abu Hanifa, **asch-Schaibani (gest. 805)** überliefert unverhohlen diesen besorgniserregenden Satz von seinem Lehrer: ***„Abu Huraira hat ohne über den Inhalt genauer zu überlegen, alles Mögliche überliefert****, ohne jedoch Kenntnis von an-nasikh und al-*

276 Sabit Din Dinamik Seriat, S. 183, Ilhami Güler.
277 Scharia, der missverstandene Gott, S.99-118, Mouhanad Khorchide.
278 Scharia, der missverstandene Gott, S. 118, Mouhanad Khorchide.

mansukh zu besitzen!“[279] **Abu Dawud (gest. 889)** hat in seiner Hadith-Sammlung eine Überlieferung von **ibn Abbas (gest. 687)** registriert, wonach dieser für die „Koraniten“ (gemeint sind jene, die sich nur auf den Koran beziehen) wie vom Himmel gefallen sei. Gemeint ist die berüchtigte Überlieferung, wonach alles Erlaubte (Halal) und Verbotenes (Haram) nur ausschließlich auf den Koran zu beziehen ist. Kurzum, alles was nicht deutlich vom Koran für verboten oder erlaubt verkündet wird, kann auch den Umständen entsprechend, weder durch die Rechtsgelehrten, noch im Namen der Sunna für absolut erlaubt oder auch nur sanktioniert werden. Daher würden allen Hadithen mit ihren jeweiligen charakterlichen Rechtsbestimmungen der Boden ein für alle Mal entzogen werden: „*Gott hat den Propheten entsandt.* ***Das Buch herabgesandt und in diesem <u>das Erlaubte und das Verbotene mitgeteilt</u>****. Das was Er als erlaubt erklärt hat ist auch erlaubt und was Er verboten hat ist verboten. Was aber nicht ausdrücklich mitgeteilt worden ist, dem ist bereits verziehen.*“[280] Für die „**Koraniten**“ stellt bereits Aischa (gest. 678), die Ehegattin des Propheten, den Prototypen schlechthin dar, wenn es darum geht, in Diskrepanzen als Letztere den Koran sprechen zu lassen statt die Überlieferungen. Danach soll Aischa (ra) selbst die im Umlauf befindlichen Überlieferungen durch das Sieb des Korans angewandt haben. Im ältesten und bis heute erhaltenen Schriftensammlung „**al-Muwatta**“ (der geebnete Pfad) von Malik ibn Anas (gest. 795) wird unteranderem berichtet, dass Aischa (ra) in Streitpunkten den Koran letztendlich als Bezugsquelle offerierte. So wird sinngemäß überliefert: *„Als Aischa vorgetragen wurde, dass wegen dem Nachtrauern und Weinen der Angehörigen eines Toten, dieser (der Verstorbene) dadurch zur Vergeltung im Grab bestraft würde, entgegnete Aischa: „Möge Gott Abu Abdurrahman verzeihen, denn dieser lügt nicht,* ***sondern hat entweder den Inhalt der Überlieferung vergessen, oder in ihrer Vollständigkeit vergessen****“. Denn als der Prophet eines Tages eine jüdische Familie besuchte und diese um ihren Verstorbenen heftig weinten, entgegnete Muhammad (s): „Ihr weint um ihn, doch im Moment wird der Verstorbene im Grab bestraft.*“ Abschließend sagte Aischa (ra): „***Genügt euch denn nicht <u>der Koran</u>?*** *Kein Sünder wird die Last des anderen tragen*“ und deutete als Referenz den folgenden Koranvers 35:18 an, um aufzeigen zu können, dass nicht allein wegen des Trauerns der Familienangehörigen des Verstorbenen,

---

279 Abu Schame Makdisi, Muhtasar kitab al-muammal li´r-redd ila ´l-amr´il-evvel, Mecmua´r-resail el-muniriyye, Bd. 3, S. 33.
280 Sunen Abu Dawud, Bd. 4, S. 561, Hadith, Nr. 3800.

dieser deshalb als Vergeltung zusätzlich im Grab bestraft wird: „*Kein Sünder trägt die Last eines anderen.* ***Wenn ein sündenbeladener Mensch einen zum Mittragen holen könnte, würde er ihm nichts abnehmen können, auch wenn es sich um einen Blutsverwandten handelt***. *Du kannst nur* ***diejenigen warnen, die ihren Herrn im Verborgenen fürchten*** *und die das Gebet verrichten. Wer sich läutert, läutert sich zu seinem eigenen Vorteil. Zu Gott führt die endgültige Heimkehr.“*[281] Dr. Murad Wilfried Hofmann wies bereits in seinem Buch „Der Islam im 3. Jahrtausend“ auf die Herausforderung und der Problematik für die Muslime im 21. Jahrhundert hin. Die angeführten sechs Punkte jedoch sind bis heute weitestgehend ungeklärt:

• Sind Koran und Sunna beide Offenbarungen (wahy), oder ist die Sunna nur inspirierte (ilham) Rechtsleitung?

• Kann die Sunna den Koran abändern (derogieren)? Kann der Koran die Sunna abändern?

• Sind Sunna und Hadith identisch, oder gibt es neben den schriftlich festgehaltenen Traditionen (Hadith) noch eine >lebendige<, ohne Schriftform weitergegebene Sunna der frühen islamischen Gemeinde?

• Kann ein Hadith verworfen werden, obwohl seine Überliefererkette in Ordnung zu sein scheint?

• Wenn ein Hadith aus Gründen seines Inhalts (matn) verworfen werden soll, welches sind die dafür zulässigen Kriterien (Vernunft; Freiheit von Widersprüchen; historische oder kontextuelle Gründe)?

• Ist die gesamte Sunna moralisch bindend? Sind Traditionen rechtlicher Natur notwendig zeitlos und weltweit bindend?

„Beim Durchdenken dieser Fragen könnte einem schwindlig werden – auch dann, wenn man nicht wüsste, dass die Zukunft des Islam im 3. Jahrtausend davon wesentlich betroffen ist“[282]

2. Ist im Islam die Zugehörigkeit zu einer bestimmten Rechtsschule notwendig?

---

281 Al-Muwatta, Bd. 1, S. 393-393, Beyan Yayinlari. Buhari, Bd. 2, S. 80-81. Muslim, Bd. 2, S.638-644. Siehe aber auch: az- Zarkaschi, die Kritik von Aischa an die Gefährten des Propheten in el-Icabe li iradi ma´stedrekethu Aise ala´s-sahabe, S. 39.
282 Der Islam im 3.Jahrtausend, S. 215-216, Verlag Diederichs.

Ein typisches Merkmal derjenigen, die als Muslime in die Religion hineingeboren werden, ist die Zugehörigkeit zu einer bestimmten Rechtsschule (arab. Madhab). Der Begriff Madhab bedeutet linguistisch ***„gehen“*** *oder* ***„eingeschlagener Weg“****. Fachspezifisch bedeutet dies nichts anderes als die Art und Weise des Vorgehens und der Methode der Rechtsschulen, die sich hauptsächlich an die Primärquellen (Koran und Sunna) orientieren, um neue Rechtsurteile ableiten zu können.*[283]
In den islamischen Katechismen (türk. Ilmihal) wird die besondere Stellung der Rechtsschulen innerhalb des Glaubens wie folgt zum Ausdruck gebracht: *„Wer keinem Madhab (Rechtsschule) angehört bzw. keinen Taqlit (Nachahmung) ausübt, ist sündhaft; manche sagen sogar: ungläubig (Kafir).“*[284] In einer Überlieferung (Hadith) wird zudem auch tradiert, dass selbst der Prophet Muhammad (s) zugesichert hat, dass seine Gemeinde in Vertretung durch die Rechtsschulen sich nie in einem Irrtum befinden wird. *„Meine Gemeinde wird nicht in einem Irrglauben verfallen sein“.* Auf diesen Hadith beziehend, schrieb der ehemalige Oberhaupt der Religionsbehörde der Diyanet Ömer Nasuhi Bilmen: *„So ist der Konsens der Gelehrten in einer Angelegenheit ein Beweis für deren religionsgestzliche Richtigkeit.“*[285]

Der türkische Gelehrte Ahmet Davudoglu (gest. 1983) verbreitete in seinen Schriften die Ansicht, dass vor allem jene, die keiner sunnitischen Rechtschule angehören, die größte Bedrohung und Fitna (Rebellion) für die Muslime darstellen würden.[286] In einer Publikation, das besonders unter den türkischsprachigen Muslimen weit verbreitet ist, heißt es: *„Diejenigen, die sich von den Lehren der* ***vier sunnitischen Rechtsschulen abweichen****, haben* ***den Islam als solchen verlassen****. Denn dies hätten die sunnitischen Gelehrten in einem Konsens so entschieden.“*[287]

In den Moscheen fällt die Handhabung der Gebetspraxis unterschiedlich aus, wie z.B. die Orientierung der Praxis in den marokkanischen Moscheen nach der malikitischen Lehre und üblicherweise in den türkischen nach der hanafitischen. Auch hat sich die Grundeinstellung bei vielen erkennbar durchgesetzt, dass hauptsächlich ihre Rechtsschule am nahsten an den Lehren (Sunna) des Propheten Muhammad (s) sei. Deshalb kommt es für diese nicht in Frage, hinter einem **Imam** in einer Moschee zu beten, der eine

283 Die Geschichte des Islam, S. 108, Fuat Sanac.
284 Handbuch Islam, S. 116, Ahmad A. Reidegeld.
285 Feinheiten Islamischen Glaubens, S. 49.
286 Din Tahripcileri, S. 14-21, Ahmed Davudoglu.
287 Faideli Bilgiler, S. 170, Ahmed Cevdet Pasa, 28 Auflage 2001.

andere Rechtsschule befolgt. Professor Muhammed Hamidullah (gest. 2002) beschreibt diesen Umstand mit einer Anmerkung dazu folgendermaßen: „***Wenn z. B. ein Schafi´it sich weigert, einem hanafitischen Imam im Gebet zu folgen, würde das eigentlich bedeuten, dass dieser Schafi´it sich weigern würde, dem Propheten selbst zu folgen, wenn dieser eine Gebetshaltung einnimmt, die der schafi´itischen Schule nicht bekannt ist. Wie entsetzlich!***“[288] Eine blinde Nachahmung (Taqlid) einer Rechtsschule würde konsequenterweise auch dazu führen, den Abfall vom Islam durch das Töten zu befürworten.[289] Denn alle Rechtsschulen haben hierzu einen Konsens getroffen: „*So sind sich die **Gelehrten der verschiedenen Rechtsschulen des Islams darüber einig, dass der Abfall vom Glauben mit der Hinrichtung des Renegaten geahndet werden muss**, denn die Apostasie gilt als Auflehnung gegen Gott und als Aufkündigung der Mitgliedschaft in der islamischen Gemeinschaft und damit als eine direkte Gefährdung dieser Gemeinschaft in ihrem Bestand*.“[290] Die Muslime werden in den islamischen-Katechismen (türk. Ilmihal) nachdrücklich davor gewarnt, den Weg der vier sunnitischen Rechtsschulen unter keinen Umständen zu verlassen, geschweige denn, ihre Lehren in Frage zu stellen: „*Falls jemand entgegen der allgemeinen Meinung eines Rechtsgelehrten seine eigene Meinung als Maßstab nimmt und diesen Weg einschlägt, **so entfernt dieser sich aus der heiligen Religion** und nähert sich der Entstellung. Einen derart dunklen Weg haben manche alte Gemeinden eingeschlagen. Um ein solches Irregehen zu vermeiden, haben Muslime der Vergangenheit sich immer zu **einer Rechtsschule bekannt und einen der vier Imame zum geistigen Vorbild gewählt***.“[291] Da nicht jeder Gläubiger die Zeit für eine intensivere Beschäftigung mit den Primärquellen des Islam (Koran und Hadithe) aufbringen kann, so sei es erst dann in Ordnung, wenn dieser eine Rechtsschule folgt. Nach Ahmad Reidegeld wird es jedoch nicht möglich sein, dass alle Gläubigen umfangreiches Wissen über ihre Religion erlangen werden, deshalb sei eine Nachahmung (taqlid) einer Rechtsschule unausweichlich: „*Als die Meinungen zunahmen, bildeten sich die Madhahib: sie waren Methoden, nicht aber Selbstzweck. Für die einfachen Menschen war es nicht möglich, **genug Wissen zu sammeln, und der Taqlid***

288 Der Islam, S. 300, Veröffentlichung der türkischen Religionsstiftung 1997.
289 Siehe hier besonders zum Abfall des Islam: http://antikezukunft.de/2012/10/31/wird-der-abfall-vom-islam-mit-dem-tode-bestraft/.
290 Islam-Lexikon, S. 18, Khoury/Hagemann/Heine. Siehe aber auch: Der verfälschte Islam, S. 95, Yasar Nuri Öztürk.
291 Feinheiten islamischen Glaubens, islamischer Katechismus, S. 52, Astec Verlag.

(Nachahmung) ***wurde schon aufgrund der mangelnden Bildungsmöglichkeit-praktisch unausweichlich.***"[292]

Wie ist es jedoch handzuhaben, wenn die Rechtsbestimmungen jener Rechtsschulen dem Koran offensichtlich widersprechen? Der Koran betont ausdrücklich, dass alle Arten von Wassergetier ohne Einschränkung erlaubt zum Speisen ist: „*Der Fang* ***aus dem Meer und sein Genuss sind euch – als Versorgung für euch und für die Reisenden – erlaubt***" (Koran 5:96).

Die hanafitische Rechtsschule wendet dagegen ein, dass nicht alles aus dem Meer erlaubt ist und begründen ihre Haltung folgendermaßen: " *Von den Seetieren kann man alle Sorten von Fischen verzehren.* ***Steinbutte, Karpfen, Schlangen und Delfine sind erlaubt**, **aber andere Seetiere sind abscheulich und deshalb zu vermeiden**: **Krabben, Krebse, Muscheln, Hummer** etc. Auch andere Seetiere wie Seepferde oder Seeschweine, die keine Fische sind, sind nicht zu verzehren und deshalb auch nicht zu jagen.*"[293] Für den Großmufti von Ägypten Muhammed Abduh (gest. 1905), war die blinde Nachahmung der eigentliche Hauptgrund für verschiedene Spaltungen und Zwietracht innerhalb der muslimischen Gruppen gewesen. Auch betont er, dass selbst Urteile der Rechtsgelehrten für verbindlich deklariert wurden, obwohl diese Rechtsentscheidungen dem Koran und der Sunna offensichtlich widersprechen würden.[294] Die so genannte as-Salafiya Bewegung hat sich den Rechtsschulen als diametrale Richtung entwickelt. Ihre Hauptforderung ist die völlige Abschaffung aller Rechtsschulen und ausschließlich zu den Grundquellen des Islam (Koran und Sunna) zurückzukehren. Deshalb müsse man: „*ohne die Meinungen der früheren Gelehrten zu beachten- direkt zu den Quellen zurück, ohne auf die Wege der Madhahib (Rechtsschulen) zurückzugreifen.*"[295] Als Beleg für ihr Anliegen wird der Koranvers: 4:59 aufgeführt: „*O ihr, die ihr glaubt, gehorcht Gott und gehorcht dem Gesandten und denen, die unter euch Befehlsgewalt besitzen.* ***Und wenn ihr über etwas streitet, so bringt es vor Gott (also dem Koran) und den Gesandten (der Sunna)****, wenn ihr an Gott glaubt und an den Jüngsten Tag. Das ist das Beste und nimmt am ehesten einen guten Ausgang*".

---

292 Handbuch Islam, S. 117.
293 Ömer Nasuhi Bilmen – Feinheiten islamischen Glaubens, S. 366. Siehe mehr zum Thema „Wassergetier" http://tavhid.de/?p=1394.
294 Tefsiru´l-Kur´ani´l-Hakim, Bd. 7, S. 316, türk. Ausgabe.
295 Handbuch Islam, S. 116, Ahmad A. Reidegeld.

Auf die Frage, ob ein Eintreten in eine Rechtsschule Pflicht wäre und wie vor allem mit den unterschiedlichsten Rechtsbestimmungen umzugehen sei, antwortete der ehemalige Vorsitzender der Deutschen Muslim-Liga Abdullah Leonhard Borek: „***Es gibt keine Verpflichtung, einer bestimmten (Rechts-)Schule (Madhab) oder einem bestimmten Gelehrten zu folgen.*** *(...)* ***Man muss versuchen, die Begründung jeder einzelnen Lehrmeinung zu verstehen, um sich dann dafür zu entscheiden, wofür es die gesichertere Beweislage gibt***. *Ist man dazu allerdings nicht in der Lage, weil man nicht über genügend islamischen Wissen verfügt, muss man sich darauf verlassen, dass ein Gelehrter, dem man vertraut, die richtige Lehrmeinung vertritt.*“[296]

Von dem Begünder der malikitischen Rechtsschule Malik ibn Anas (gest. 795) wird berichtet, dass dieser sagte: „***Ich bin auch nur ein Mensch, der auch Fehler begeht. Schaut nach meiner Sichtweise. Wenn es dem Koran und der Sunna entspricht, das nehmet ihr. Wenn es aber dem nicht entsprechen sollte, so nehmet es nicht***.“[297]

Auch heute werden Muslime ohne eine Zugehörigkeit zu einer Rechtsschule des Unglaubens beschuldigt. Da könnte man aber auch die Frage stellen, zu welcher Rechtsschule der Prophet Muhammad (s) oder die rechtgeleiteten Kalifen (Abu Bakr, Omar, Uthman und Ali) wohl angehörten?

---

296 Islam im Alltag, S. 158.
297 Sevkani, Irsadu´l –Fuhul ila Tahkik´l-hakki mine´l-Usul. Zitiert aus: Tefsiru´l Menar, Bd. 7, S. 316, türk. Ausgabe.

3. Gibt es einen Unterschied zwischen den beiden Begriffen "Gesandter" und "Prophet"?

In der gängigen islamischen Literatur werden **Propheten** *(nabi) und* **Gesandte** *(rasul) nicht als Synonyme verwendet, sondern mit jeweils unterschiedlichen Fähigkeiten ausgestattet postuliert. Dies wird vor allem in den islamischen Katechismen (türk. Ilmihal) ausführlich dargelegt. So heißt es in dem von der türkischen Religionsbehörde publiziertem Katechismus: „Einige Propheten haben Schriften erhalten. Diese Propheten nennen wir Gesandte (rasul). Es gibt aber auch Propheten, die nicht mit einer Buchreligion gekommen sind. Diese Propheten folgen den Geboten der vorangegangenen Schrift und verkünden diese.* ***Diese nennen wir Propheten (nabi). Dementsprechend ist zwar jeder Gesandte gleichzeitig ein Prophet, doch nicht jeder Prophet gleichzeitig Gesandter im engeren Sinn.*** *"*[298] Demnach erhielten auch nach dem Katechismus (Ilmihal) von **Ömer Nasuhi Bilmen**, nur folgende Propheten eine göttliche Schrift: *„Einige dieser Bücher werden als „***Seiten***" bezeichnet,* **weil sie tatsächlich aus lediglich ein paar Seiten bestanden. Vier von ihnen sind wirkliche Bücher. Zehn Seiten wurden Adam, fünfzig Seiten Seth, dreißig Seiten Idris und zehn Seiten Abraham offenbart. Was die Heiligen Schriften unter den Büchern betrifft, so erhielt Moses die Thora, David den Psalter und Jesus das Evangelium. Der Koran ist das vierte Buch und ist unserem Propheten Muhammad offenbart worden.**"[299]

Hiernach ist ein **Gesandter (rasul)** derjenige, der eine neue Offenbarungsschrift von Gott erhält. Im Unterschied dazu liegt die Aufgabe eines **Propheten (nabi)** hauptsächlich darin, mit der Verwirklichung einer bereits vorliegenden Offenbarungsschrift die Gemeinschaft (umma) zu führen.[300] In einem Koranvers scheint dieser Unterschied bestätigt zu werden:

„Und Wir sandten vor dir keinen **Gesandten (rasul) oder Propheten (nabi)***, ohne dass ihm, wenn er etwas wünschte, der Satan in seinen Wunsch etwas dazwischen geworfen hätte. Aber Gott hebt auf, was der Satan dazwischen wirft"* (22:52).

298 Grundzüge islamischer Religion, S. 57, Diyanet 2004.
299 Feinheiten islamischen Glaubens-islamischer Katechismus, S. 30-31.
300 Dini Kavramlar Sözlügü, S. 552, Diyanet Yayinlari.

Der Koran erwähnt in diesem Zusammenhang nur eine Handvoll von Propheten, die Blätter bzw. Bücher von Gott offenbart bekommen haben. Diese sind folgende: „*Dies stand wahrlich in den ersten Schriften,* **den Schriften Abrahams und Moses**" (Koran 87:18-19).

„*Und wir haben doch, nachdem wir die früheren Generationen hatten zugrunde gehen lassen,* **dem Moses die Schrift gegeben**, *als sichtbare Beweise für die Menschen, und als eine Rechtleitung und Barmherzigkeit, damit sie sich vielleicht mahnen lassen würden*" (Koran 28:43).

„*Dein Herr kennt am besten jene, die in den Himmeln und auf der Erde sind. Wir erhöhten einige der Propheten über die anderen,* **und David gaben Wir ein Buch**" (Koran 17:55).

„*Wahrlich,* **Wir haben dir offenbart, wie Wir Noah und den Propheten nach ihm offenbart haben. Und Wir offenbarten Abraham, Ismael, Isaak, Jakob, den Stämmen (Israels), Jesus, Hiob, Jonas, Aaron und Salomo; und Wir haben David einen Psalter gegeben**" (Koran 4:163).

„*Auf ihre Propheten ließen Wir Jesus Christus, Marias Sohn, folgen, der die vor ihm* **offenbarte Thora bestätigte**. **Ihm gaben Wir das Evangelium**, *das Rechtleitung und Licht enthält und die Wahrheit der vorhandenen Thora bekräftigt, als Rechtleitung und erbauliche Ermahnung für die Gottesfürchtigen*" (Koran 5:46).

Auch westliche Islamforscher unterstreichen zudem, ohne zu hinterfragen die traditionelle Sichtweise, wie z. B: Professor Peter Heine und Professor Adel Theodor Khoury: „*Dabei unterscheidet er (der Koran) zunächst* **zwischen zwei Arten von Propheten. Die ersten sind als Warner von Gott zu den Menschen gesandt worden. Der Koran nennt sie nabi. Die anderen bringen eine schriftliche Offenbarung; der Koran nennt sie Gesandte** *(arabisch rasul).*"[301] Eine Reihe von Gelehrten wiedersprechen vehement der offiziellen Sichtweise und führen zugleich als Beleg Koranverse an, die in diesem Zusammenhang kaum beachtet werden. In einem Koranvers werden 18 Propheten namentlich aufgezählt, die die Schrift Gottes erhalten haben. Kurioserweise gelten diese 18 Propheten in den Religionsbüchern (Ilmihal) nicht als Gesandte, ja sie werden nicht einmal als Erhalter einer Schrift erwähnt: „*Das ist Unser Beweis, den Wir* **Abraham** *seinem Volk gegenüber gaben. Wir erheben in den Rängen, wen Wir wollen. Siehe, dein Herr ist*

301 Der Islam, erschlossen und kommentiert, S. 72, Heine. Siehe auch:
Der Koran, erschlossen und kommentiert, S. 118, Khoury.

Allweise, allwissend. Wir schenkten ihm **Isaak** *und* **Jakob;** *jeden leiteten Wir recht, wie Wir vor dem* **Noah** *recht geleitet hatten und von seinen Nachfahren* **David** *und* **Salomo** *und* **Hiob** *und* **Joseph** *und* **Moses** *und* **Aaron**. *Also belohnen Wir die Wirker des Guten. Und (Wir leiteten)* **Zacharias** *und* **Johannes** *und* **Jesus** *und* **Elias;** *alle gehörten sie zu den Rechtschaffenen. Und (Wir leiteten)* **Ismael** *und* **Elisa** *und* **Jonas** *und* **Lot**; *sie alle zeichneten Wir aus unter den Völkern. Ebenso manche von ihren Vätern und ihren Kindern und ihren Brüdern: Wir erwählten sie und leiteten sie auf den geraden Weg. Das ist der Weg Allahs; damit leitet Er von Seinen Dienern, wen Er will. Hätten sie aber anderes angebetet, wahrlich, nichts hätte ihnen all ihr Tun gefruchtet.* **Diese sind es, denen Wir die Schrift (kitabe) gaben und die Weisheit und das Prophetentum**. *Wenn aber diese das (Prophetentum) leugnen, dann haben Wir es einem Volke anvertraut, das es nicht leugnet*" (Koran 6:83-89). Einige Koranübersetzer wie Mustafa Islamoglu, übersetzten den Vers ganz eigentümlich, indem das Wort „**kitabe**" nicht als Schrift sondern als „**wahy**" = Offenbarung übersetzt wird. Somit bekommt dieser Vers eine ganz andere Bedeutung.[302] Für den Theologen Professor Süleyman Ates, besteht indes kein Unterschied zwischen einem **Gesandten (rasul) und Propheten (nabi)**. Für ihn sind es in erster Linie die Koranexegeten selbst, die einen grundlegenden Unterschied in den betreffenden Koranvers hinein projizieren: „*Und Wir sandten vor dir keinen* **Gesandten (rasul) oder Propheten (nabi)**, *ohne dass ihm, wenn er etwas wünschte, der Satan in seinen Wunsch etwas dazwischen geworfen hätte. Aber Gott hebt auf, was der Satan dazwischenwirft*" (22:52). Ates kommt deshalb zu der folgenden Schlussfolgerung: „*Im Koran lässt sich, wie seit jeher von den islamischen Gelehrten tradiert wird,* **kein sichtlicher Unterschied in den Aufgaben der Propheten und Gesandten herausfiltern. Im Gegenteil, beide Begriffe bilden ein Synonym.**"[303]

Der Prophet Ismail (a) verkörperte gewiss beide Eigenschaften, sowohl als **nabi** als auch **rasul** in seiner Person: „*Und erwähne in diesem Buch* **Ismael.** *Er blieb wahrlich seinem Versprechen treu und* **war ein Gesandter (rasulen), ein Prophet (nebiyya)**" (Koran 19:54). Bekanntlich erhielt Ismail (a) keine heilige Schrift von seinem Schöpfer, sondern wurde hauptsächlich damit beauftragt, die Scharia (wörtlich Weg zur Tränke) von seinem Vater Abraham (a) weiter zu führen: „*Ist ihm nicht über das berichtet worden, was in den*

302 Hayat Kitabi Kuran, S. 240.
303 Kuran Ansiklopedisi, Bd. 16, S. 522.

Schriftblättern von Moses und von Abraham steht, *der allem genau nachging, wozu er verpflichtet war?.*"[304] Bereits im 13. Jahrhundert wies der andalusische Korankommentator **Imam Kurtubi (gest. 1273)** darauf hin, dass die Auslegung zu **22:52** nicht so einfach wie konventionell überliefert ist, anzunehmen sei. Dieser Sachverhalt bedürfe einer ausführlichen Erläuterung. In seinem Tafsir „El Camiul Li Ahkami´L- Kur´an" befasste sich Kurtubi eingehend mit dieser Thematik, in dem er hauptsächlich diverse Überlieferungen (Hadithe) heranzog und gegeneinander abwog. Anschließend bestätigte auch Kurtubi in seinem Kommentar (tafsir), dass ein Gesandter nicht unbedingt dasselbe sei wie ein Prophet.[305]

Für den in Münster lehrenden Theologen Professor Mouhanad Khorchide, gibt es einen erheblichen Unterschied zwischen dem Auftreten eines Gesandten und einem Propheten, besonders in der Person Muhammads (s) seien diese explizit auffallend. Der Koran verdeutlicht gravierende Wesensmerkmale zwischen diesen beiden Begriffen. Als Gesandter Gottes hatte der Prophet lediglich die Aufgabe gehabt, die Botschaft der Heiligen Schrift zu übermitteln. In seiner Funktion als **rasul** (Gesandter) sei er jedenfalls unfehlbar. Im Gegensatz dazu, wird Muhammad (s) als **nabi** (Prophet) mehrfach getadelt und von Gott zurechtgewiesen. Khorchide schreibt dazu: *„Der Koran macht eine Unterscheidung zwischen Muhammad dem* **Propheten (nabi)** *und Muhammad dem* **Gesandten (rasul)**. **Als Gesandter hat er nur die Aufgabe eines Botschafters, der Gottes Botschaft überbringt**. *Er hat keinen unmittelbaren Einfluss auf sie, daher ist er in seiner* **Funktion als Gesandter unfehlbar**. *Seine Aufgabe als Gesandter ist lediglich die Verkündigung, also die Überbringung der Botschaft, nicht mehr.*"[306] Dies geht unter anderem aus diversen Koranversen hervor, wie z. B: *„Dem Gesandten obliegt nur die Übermittelung* (5:99).

Im Gegensatz zum unfehlbaren „**rasul**", wird Muhammad (s) in seiner Eigenschaft als „**nabi**" (Prophet) mehrfach in der Offenbarungsschrift getadelt. Oft genug wird der Prophet mit der Ansprache „**Oh Prophet**" im Koran harsch kritisiert, wogegen diese Kritik nie in der Anrede „**Oh Gesandter**" zu lesen ist. In einer privaten Auseinandersetzung des Propheten mit seinen Frauen, heißt es im Koran: *„O Prophet, warum verbietest du, was Gott dir erlaubt hat, indem du danach trachtest, die Zufriedenheit deiner*

304 Koran 53:36-37. Siehe hierzu im Detail: Elmalili, Hak Dini Kuran Dili, Bd. 5, S. 311.
305 El Camiul Li Ahkami´L- Kur´an, Bd. 12, S. 127-128.
306 Islam ist Barmherzigkeit, S. 132-133.

Gattinnen zu erlangen?" (66:1). Er wird als Prophet auch dazu ermahnt, fromm zu sein: „*O Prophet, fürchte Gott und gehorche nicht den Ungläubigen und den Heuchlern*" (33:1). Auffallend in diesem Zusammenhang ist es zudem, **dass Muhammad (s) als Prophet wegen irdischen Angelegenheiten angesprochen wird, die hauptsächlich mit der Verkündigung nichts zu tun haben**: **„O Prophet, sag zu deinen Gattinnen**: *Wenn ihr das diesseitige Leben und seinen Schmuck haben wollt, dann kommt her, ich werde euch eine Abfindung gewähren und euch auf schöne Weise freigeben*" (33:28). Oder in (33:50): „*O Prophet, Wir haben dir (zu heiraten) erlaubt: deine Gattinnen, denen du ihren Lohn gegeben hast...*".

„*O Prophet, wenn ihr euch von Frauen scheidet, dann scheidet euch von ihnen auf ihre Wartezeit hin, und berechnet die Wartezeit*" (65:1).

Aus dem Wortlaut des Korans geht unmissverständlich hervor, dass der Prophet als Mensch nicht resistent vor dem Rügen Gottes ist.[307]

Der Koranexeget **Fachr ad-Din ar-Razi (gest. 1209)**, war seinerseits sehr darum bemüht gewesen, die unterschiedlichen Standpunkte sachlich in seinem Korankommentar **„Die Schlüssel zum Verborgenen"** (Mafatih al-ghayb) eingehend in Betracht zu ziehen. Außerdem zitierte er ausgiebig die mutazilitische Sichtweise (eine rationalistisch ausgerichtete Schule der islamischen Theologie), wonach es grundsätzlich keinen Unterschied im Status zwischen einem Propheten und einem Gesandtem geben kann. Die Mutaziliten bezogen sich unter anderem darauf, dass der Prophet Muhammed (s) gleichzeitig ein Gesandter und Prophet sei. Dabei wird der folgende Koranvers 33:40 als Referenz herangezogen: „*Muhammad ist nicht der Vater eines eurer Männern, sondern Gottes Gesandter (rasulellahi) und das Siegel der Propheten (nebiyyin).*"[308] Ob die Bezeichnungen **„Gesandter"** und **„Prophet"** tatsächlich auch als Synonyme verwendet werden, und ob es denn eine klare Trennlinie zwischen diesen beiden besteht, bleibt in der islamischen Theologie noch weitgehend ungeklärt. Wenn jedoch ein Gesandter (rasul) nur jener ist, der eine Offenbarungsschrift erhalten hat, so müssten nach diesem Kriterium alle achtzehn namentlich erwähnten Propheten auch als Gesandte betrachtet werden:

„*Das ist Unser Beweis, den Wir* **Abraham** *seinem Volk gegenüber gaben. Wir erheben in den Rängen, wen Wir wollen. Siehe, dein Herr ist Allweise,*

307 Mouhanad Khorchide, Islam ist Barmherzigkeit, S. 133.
308 Ar-Razi, Mafatih al-ghayb, Bd. 16, S. 336-337.

allwissend. Wir schenkten ihm **Isaak** *und* **Jakob***; jeden leiteten Wir recht, wie Wir vordem* **Noah** *recht geleitet hatten und von seinen Nachfahren* **David** *und* **Salomo** *und* **Hiob** *und* **Joseph** *und* **Moses** *und* **Aaron***. Also belohnen Wir die Wirker des Guten. Und (Wir leiteten)* **Zacharias** *und* **Johannes** *und* **Jesus** *und* **Elias***; alle gehörten sie zu den Rechtschaffenen. Und (Wir leiteten)* **Ismael** *und* **Elisa** *und* **Jonas** *und* **Lot***; sie alle zeichneten Wir aus unter den Völkern. Ebenso manche von ihren Vätern und ihren Kindern und ihren Brüdern: Wir erwählten sie und leiteten sie auf den geraden Weg. Das ist der Weg Allahs; damit leitet Er von Seinen Dienern, wen Er will. Hätten sie aber anderes angebetet, wahrlich, nichts hätte ihnen all ihr Tun gefruchtet.* **Diese sind es, denen Wir die Schrift (kitabe) gaben und die Weisheit und das Prophetentum***. Wenn aber diese das (Prophetentum) leugnen, dann haben Wir es einem Volke anvertraut, das es nicht leugnet*" (Koran 6:83-89).

Kapitel 6. Der Islam im Widerspruch zum Abendland?

1. Wie vertragen sich Islam und Laizismus?

Als vor einigen Jahren der muslimische Intellektuelle Dr. Murad Hofmann seinen Artikel „Religion als Privatsache“ veröffentlichte, wurde eine neue Diskussion darüber entfacht, ob Laizismus und Islam als solche überhaupt miteinander kompatibel seien. In dem Leitartikel wurde ein neuer Diskurs über die Beziehung von Religion und Staat gefordert, so schreibt Hofmann: „[...] *es ist unumgänglich, dass man das fast Undenkbare denkt und das fast Tabuisierte tut: Die Doktrin von der Begründung des modernen Staates auf seiner Trennung von Religion zu hinterfragen.*“[309]
Auf eine Frage, ob er gegen den Laizismus sei, antwortete der ehemalige sudanesische Parlamentspräsident Dr. Hasan el-Turabi folgendes: „*Im Islam gibt es im Vergleich zum Christentum keine priesterliche Hierarchie. Die Muslime sind von keiner religiösen Autorität abhängig, deshalb spricht auch Nichts dagegen, dass wir laizistisch sind. In der muslimischen Welt gibt es keine Kirchen oder religiöse Institutionen, die uns bevormunden.*“[310]

Viele muslimische Denker und Aktivisten, distanzieren sich unter allen Umständen vom laizistischen Grundprinzip (Trennung von Religion und Staat). Sie sehen darin die Gefahr, dass die Gesellschaft durch das säkularistische Bestreben letztlich entsakralisiert wird. Zum größten Widersacher eines laizistischen Ordnungsprinzips gehört der einflussreiche Soziologe Professor Sayyid Qutb. Die islamischen Länder wurden erst dann dekadent, als sie anfingen, westliche Staaten mit ihren zivilisatorischen Ideologien nachzuahmen. So ist Qutb der Auffassung: „*Diese „Zivilisationen“, die viele Augen geblendet und viele Seelen zerstört haben,* ***sind im Grunde nichts außer einer Gahiliya*** *(Zeit der Unwissenheit), einem System, dass im Vergleich mit dem Islam irregeleitet, leer, falsch und würdelos ist. Das Argument, dass die Menschen, die unter ihm leben, in einer besseren Lage seien, als die Menschen in den so genannten islamischen Ländern oder „der islamischen Welt“, hat kein Gewicht.* ***Die Menschen in diesen Ländern haben diesen elenden Zustand deshalb erlangt, weil sie den Islam***

309 Religion als Privatsache, S. 2.
310 Islam dünyanin gelecegi, S. 74.

verlassen haben und nicht deshalb, weil sie Muslime sind."[311]

Nach Qutb sind alle Gesellschaftsentwürfe und Ideologien nichts anderes als die „**Gahiliya**" zu bewerten. Die Gahhiliya bezeichnet die vorislamische Zeit in Arabien, wo noch keine göttliche Rechtleitung offenbart wurde. In den Neunziger Jahren des vorigen Jahrhunderts, gab es eine öffentlich ausgetragene Diskussion zwischen den beiden bekannten Philosophen Professor Hasan Hanefi und Professor Muhammed Abid el-Cabiri. Diese Auseinandersetzung wurde später unter dem Titel „Hivaru´l Mesriq ve´l Magrib" publiziert. Hanefi wies in der Streitschrift auf die Parallelität zwischen dem laizistischen und islamischen Prinzip hin. Beide Gesellschaftsentwürfe würden auf das Gleiche hinauslaufen und garantieren zudem grundlegende Grundrechte wie „**Glaube, Leben**, **Vermögen**, **Nachkommen** und **Vernunft**."[312] Für Professor Nasr Hamid Abu Zaid bedeutet „Säkularisierung" keinesfalls eine völlige Trennung zwischen Religion und Politik. Sie ist für eine Demokratie unumgänglich und verhindere als Mechanismus die Manipulation der Religion von religiösen und politischen Autoritäten. Abu Zaid kritisiert auch die Ansicht, dass Religion nach den Vorstellungen vieler Säkularisten nur eine Privatsache sei. Von den Religionen und ihren Heiligen Schriften gehen wichtige moralische Impulse aus, die nicht zu verkennen seien. Innerhalb der muslimischen Welt sei die „Säkularisierung" bis heute ein ambivalenter Begriff geblieben. Abu Zaid fasst seine Gedanken folgendermaßen zusammen: *„Nur ist es irreführend, wenn „Säkularisierung" mit einer völligen Trennung von Religion und Politik gleichgesetzt wird, als ob sich deren Sphären nie berührten* [...] *Was für eine Demokratie unbedingt erforderlich ist, ist allein eine Trennung religiöser und politischer Autoritäten, weil Religion sonst leicht manipuliert werden kann, zu einem Instrument der Mächtigen mutiert und auf Kosten andersgläubiger Minderheiten geht* [...] *Dennoch gehen von Religionen und ihren Heiligen Schriften wichtige moralische Impulse aus. Das wird im Westen aufgrund der verbreiteten Anstrengung, die Religion in den Hintergrund der Gesellschaft zu drängen, wo sie zum absolut Privaten geworden ist, übersehen. Diese Bedeutung von Säkularisierung halte ich für ein Missverständnis: Denn Religion ist nicht nur Privatsache eines Einzelnen, sondern eine Sache der Gemeinschaft*."[313]

Dr. Murad Hofmann schlägt zu Verwirklichung und als Modell eines säkularen

---

311 Zeichen auf dem Weg, S. 246, Islamische Bibliothek.
312 Dogu Bati Tartismalari, S. 55.
313 Mohammed und die Zeichen Gottes, S. 167-168.

Staates Deutschland vor. Dieser sei geradezu vorbildlich mit seiner Integration der Religion in den öffentlichen Raum. Der Französische und der Mexikanische Laizismus, welcher Religion aus dem öffentlichen Raum verbannen möchte und ihr nicht neutral sondern feindlich gegenübersteht, würden nicht in Frage kommen. Der Islam verlange lediglich, dass Religion und Staat harmonisch aufeinander bezogen und bis zu einem gewissen Grad integriert wird. Hofmann ist der Ansicht: *„Aber Deutschland kommt aus meiner Sicht der Verwirklichung der islamischen Forderung nach ein Beziehung zwischen Religion und Staat am nächsten. Gott kommt im Grundgesetz vor, wir haben staatlich geschützte religiöse Feiertage, es gibt staatlichen religiösen Schulunterricht. Es gibt eine Kirchensteuer, in der Bundeswehr und in den Gefängnissen werden Geistliche beschäftigt. Zu Weihnachten wenden sich der Bundespräsident und die Bundeskanzlerin an das deutsche Volk usw. Wenn das „Trennung von Kirche und Staat" sein soll, dann verstehe ich die Welt nicht mehr."*[314] Für Professor Muhammed Abid el-Cabiri ist der Islam seinem Wesen nach säkularistisch. Im Islam gibt es keinen Klerus und deshalb auch keine vergleichenden Institutionen zu den Kirchen. Aus diesem Grund besteht auch kein Problem von der Trennung der Religion vom Staat. Cabiri weist auf die verheerenden Folgen hin, wenn die Politik die Religion für ihre politischen Zwecke instrumentalisiert: *„Was unsere Gesellschaften brauchen, ist die Trennung der Religion von der Politik. Dies bedeutet, dass die Religion für politische Zwecke nicht instrumentalisiert werden darf; denn die Religion repräsentiert einen konstanten und absoluten Bereich im menschlichen Dasein. Die Politik hingegen ist relativ und veränderlich. Die Politik wird von Interessen geleitet, und das Bestreben der Politiker orientiert sich an Vorteilen."*[315] Im Jahre 2003 veröffentlichte der türkische Theologe Ihsan Eliacik sein sechshundert Seiten umfassendes Buch **„Staat der Gerechtigkeit-Die Herrschaft des gemeinsamen Guten**." Darin schlägt Eliacik einen dritten Weg vor, nämlich zwischen dem theokratischen und laizistischen Staat- einen Gerechtigkeitsstaat. Der Staat habe keine Religion und das eigentliche Maß des Regierens ist die Gerechtigkeit, daher ist die Bezeichnung „Staat der Gerechtigkeit" bzw. Rechtsstaat angemessener als Islamstaat.[316] In vielen Koranversen fordert der Koran die Muslime nachhaltig auf, dass Gute zu gebieten und das Unrechte zu verwerfen: *„Und aus euch soll eine Gemeinde werden, die* ***zum***

314 Islamisches Denken im Wandel, S. 58.
315 Die Kritik der arabischen Vernunft, Berlin 2009.
316 Adalet Devleti-Ortak iyinin iktidari, S. 483-499.

Guten einlädt und das gebietet, was Rechtens ist, und das Unrecht verbietet*; und diese sind die Erfolgreichen*" (Koran 3:104).

„*Diese glauben an Gott und an den Jüngsten Tag und gebieten das,* ***was Rechtens ist****, und verbieten das* ***Unrecht und wetteifern in guten Werken****; und diese gehören zu den Rechtschaffenen*" (Koran 3:114).

„*Ihr seid die beste Gemeinde, die für die Menschen entstand. Ihr gebietet das, was* ***Rechtens ist****, und ihr* ***verbietet das Unrecht****, und ihr glaubt an Gott*" (Koran 3:110).

Wie der Ausgang der Diskussion um das Verhältnis von Islam und Laizismus innerhalb der Muslime in Zukunft ausgehen wird, ist nicht abzusehen. Entscheidend ist vor allem auch, was unter Laizismus bzw. Säkularismus verstanden wird, wie etwa die Gegensätze zwischen dem französischen und dem deutschen Modell.

Der katholische Theologe Professor Hans Küng, erläutert die verschiedenen säkularistischen Erfahrungen im europäischen Kontext und mahnt zugleich auch, falsche Schlussfolgerungen daraus zu ziehen. So schreibt Küng: „*Eine solche* ***Säkularität*** *(Weltlichkeit) des Staates, der damit gleichzeitig Religionsfreiheit garantiert, widerspricht dem Wesen des Christentums oder des Islam keineswegs,* ***wohl aber eine totale Säkularisierung im Geist eines ideologischen Säkularismus (Religionsfeindlichkeit), der die Religion aus der Öffentlichkeit völlig verbannen will.***"[317]

317 Der islam, Hans Küng, S. 700, Taschenbuch Ausgabe.

2. Wird der Abfall vom Islam mit dem Tode bestraft?

Nach den islamischen Rechtsschulen wird der Abfall vom Islam seit Jahrhunderten mit der Todesstrafe geahndet. Nach der Fatwa (Rechtsgutachten) der Rechtsschulen, dürfen Muslime unter keinen Umständen ihre Religion wechseln. In den Hadit- Werken, werden unzählige Überlieferungen dazu angeführt. Beispielweise wird in der Hadit-Sammlung „**Muvatta**“ von Imam Malik (gest. 795) folgender Hadit überliefert: „**Diejenigen, die ihre Religion wechseln, tötet sie**! [...].“[318]
Ähnliche Überlieferungen mit einem verschiedenem Akzent, werden auch in den berühmten Hadit-Werken von Al-Buhari (gest. 869) und Muslim (gest. 875) tradiert: „***Wer auch immer wechselt*** (den Islam als Religion und Lebensweise ablehnt), ***tötet ihn***.“[319]

Im 13. Jahrhundert verfasste der hanafitische Rechtsgelehrte El-Mavsili (gest. 1240) in seiner langjährigen Beschäftigung das Buch „**El-Ihtiyar**“. In diesem Werk wurden umfangreiche Sichtweisen und Rechtsgutachten von Abu Hanife (gest. 767) zusammengestellt. Bald darauf wurde das Werk“ El-Ihtiyar“ zu einem der wichtigsten Lehrbücher der Rechtswissenschaft (Fiqh). Unter den vier sunnitischen Rechtsschulen war nur Abu Hanife der Meinung, dass man abtrünnige Frauen nicht mit dem Tod vergelten dürfe, sondern sie dafür täglich schlagen solle, bis sie wieder zum Islam zurückkehren. So wird von ihm der folgende Satz überliefert: ***„Die Frauen, die von der Religion abfallen, sollen nicht getötet werden. Sie sollen eingesperrt und solange geschlagen werden, bis sie wieder zum Muslimsein kehren***.[320]

Der Hadith Gelehrte **Ibn Hacer el-Askalani** (gest. 1449), veröffentlichte in seinem Buch „Bulugu´l-meram min edilleti´l-ahkam“ Überlieferungen, die hauptsächlich juristische Rechtsprechung beinhalten. In der Hadith-Nr.1199 wird ein Bericht von Muaz bin Cebel (r.a.) überliefert, dass dieser einen Muslim hinrichten ließ, weil dieser später zum Judentum konvertierte. Darin heißt es: “T*ötet diesen Mann, denn nachdem er Muslim wurde, wechselte dieser wieder zum Judentum. Das ist eine Bestimmung von Gott und dem Propheten.* ***Daraufhin befahl Muaz, diesen (Juden) hinzurichten***.“[321]

---

318 Muvatta, Bd. 3, S. 375.
319 Buhari, Hadit Nr. 6935 und Muslim, Hadit Nr. 6524.
320 El-Ihtiyar, Metni el-Muhtar li´l-Fetva, S. 563.
321 Türk. Ahkam Hadisleri, S. 473.

Zu Recht bemerkt die christliche Theologin und Leiterin des „Instituts für Islamfragen“ Professorin Christine Schirrmacher, dass die Todesstrafe für einen Religionswechsel **nicht auf den Koran**, sondern auf die jeweiligen **Rechtsschulen zurück zu führen sei**. Schirrmacher schreibt: *„Auch der Abfall vom Islam verlangt nach überwiegender Auffassung* ***aller vier Rechtsschulen die Todesstrafe,*** ***obwohl der Koran demjenigen, der dem Islam den Rücken kehrt, konkret nur eine Strafe im Jenseits androht. Für das Diesseits fordert ausschließlich die Überlieferung (Hadithe) eindeutig die Todesstrafe.*** “[322]

In einigen (sogenannten) islamischen Ländern hat die Todesstrafe für Apostaten in deren jeweiligen Strafgesetzbüchern Eingang gefunden. Hierbei wird ausdrücklich auf die Hadithe Bezug genommen. Der Artikel 126 im sudanesischen Strafrecht aus dem Jahr 1991 lautet wörtlich: ***„[...] Wer das Delikt der Apostasie begeht, wird aufgefordert, innerhalb einer vom Gericht festgelegten Frist zu bereuen. Wenn er in seiner Apostasie verharrt und nicht zum Islam zurückkehrt, wird er mit dem Tod bestraft.*** “ Auch der Artikel 306 im mauretanischen Strafrecht von 1984, wird der Apostat ausdrücklich ermahnt, innerhalb von drei Tagen zu bereuen. Falls der Religion des Islam der Rücken weiterhin gekehrt wird, wird die Todesstrafe unwiderruflich vollstreckt.[323] Die „**Salafiten**“ verteilen in Deutschland durch die Aktion „Street-Dawa“, kostenlose Publikationen zum Islam, um potentielle Menschen anzuwerben. Darunter wird die Veröffentlichung von Dr. Abdul Rahman Al-Sheha „Missverständnisse über Menschenrechte im Islam“ großzügig verteilt. In sämtlichen Kapiteln werden die Rechte der Muslime grundlegend nach der Scharia erläutert. So wird Beispielsweise über einen Religionswechsel sarkastisch folgendes mitgeteilt: *„Einer Person, die den Islamischen Glauben ablehnt, sollte eine Gelegenheit von drei aufeinanderfolgenden Tagen gegeben werden, um zur Gemeinschaft des Islam zurückzukehren. Reife Islamische Gelehrte müssen mit ihm sitzen und ihm die große Sünde erklären, die er gegen seine eigene Seele, seiner Familie und die Gemeinschaft begeht. Wenn diese Person zur Gemeinschaft des Islam zurückkehrt, wird sie freigelassen; wenn nicht, wird die Strafe vollzogen. Die Tötung eines Abtrünnigen ist in Wirklichkeit eine Erlösung für die restlichen Mitglieder der Gesellschaft.*“[324]

322 Die Scharia, Recht und Gesetz im Islam, S. 52.
323 100 Fragen zum Islam, Samir Khalil Samir, S. 103-104.
324 Missverständnisse über Menschenrechte im Islam, S. 130-131.

Ein für die Schüler herausgegebenes Lehrbuch mit dem Titel „**Hadit für Schüler**“ geht ausführlich auf das Thema Apostasie ein. In Hadit Nr. 14 wird folgendes berichtet: „*Das Blut eines Muslims (zu vergießen) ist nicht erlaubt, außer in einem dieser drei (Fälle)... : und (im Fall) desjenigen, der* ***seinen Glauben verlässt und sich von der Gemeinschaft trennt***.“ Erstaunlicherweise bemerkt der Übersetzer des Werkes in einer Fußnote den folgenden Satz: „*Als Beispiel für die verheerende Folgen, die vom Islam Abtrünnige verursacht haben, möge man an Sekten wie die Nusairier (Alawiten) in Syrien, die Drusen im Libanon, die Baha´is im Iran und andere denken.* ***All diese Sekten führen ihren Ursprung auf Leute zurück, die vom Islam abgefallen waren, sich von der Gemeinschaft der Muslime trennten, neue , eigene Gemeinschaften gründeten und dann unter den Muslimen Schaden und Unheil anrichteten***.“[325]

Wozu dies ein Aufruf sein soll, soll dem Leser selbst überlassen werden!

Der ehemalige Rektor der Azhar-Universität Sheik Mahmud Saltut ist der Ansicht, dass die Todesstrafe den friedlichen Religionswechsel nicht mit einem Strafmaß sanktioniere. Außerdem wird auch versichert, dass diese Überlieferungen in den Hadit-Werken nur von wenigen Gewährsleuten (sunnat al-ahad) tradiert werden. Die Überlieferungen verhängen den Tod nur an jene, die durch ihre Konversion und Hochverrat die potentiell junge islamische Gemeinschaft historisch gefährdeten. Wenn in den damaligen kriegerischen Auseinandersetzungen einige auf die andere Seite (Religion) wechselten, wurden sie aufgrund des Hochverrates mit dem Tod bestraft. In den Berichten werden eben diese Fahnenflüchtige gebrandmarkt und nicht die friedlichen Übertritte zu einer anderen Religion.[326]

Der Theologe Professor Ilhami Güler vertritt eine ähnliche Haltung wie Saltut. Güler ist der Meinung, dass wenn die überlieferten-Hadite nicht ausschließlich den Hochverrat betreffen, so würden die maßgeblichen Hadite dem koranischen Geist zweifelsfrei widersprechen. Nach Güler weisen vier Koranverse deutlich darauf hin, dass es dem Gewissen des Menschen frei zusteht, woran er glauben möchte:

° „So ermahne, denn du bist zwar ein Ermahner, du hast aber keine Macht über sie“ (Koran 88:21 22).

---

325 Hadit für Schüler, Islamische Bibliothek, S. 129-130.
326 Saltut, al-Islam aqida wa sari´a, 17 Aufl. Kairo 1997, S. 280.

° „Und hätte dein Herr es gewollt, so hätten alle, die insgesamt auf der Erde sind, geglaubt. Willst du also die Menschen dazu zwingen, Gläubige zu werden?“ (Koran 10:99).

° „Es gibt keinen Zwang im Glauben“ (Koran 2:256).

° Und sprich: “Es ist die Wahrheit von eurem Herrn: darum lass den gläubig sein, der will, und den ungläubig sein, der will (Koran 18:29).

Deshalb ist es für Güler unvorstellbar, dass der Prophet Muhammed (s) den Prinzipien der heiligen Schrift diametral widersprochen haben kann. Es könnte sich in den überlieferten Haditen, nur um Hochverräter gehandelt haben, die besonders in Kriegszeiten die Lagern zu den Feinden gewechselt hatten, um aktiv gegen die Muslime zu kämpfen.[327]

Dass der Koran keine diesseitige Strafe vorsieht, wird in der Sure an-Nisa unzweideutig zum Ausdruck gebracht: *„Wahrlich, diejenigen, die gläubig sind und hernach ungläubig werden, dann wieder glauben, dann abermals ungläubig werden und noch heftiger im Unglauben werden, denen wird Gott nimmermehr vergeben noch sie des Weges leiten*“ (Koran 4:137).

---

327 Ilhami Güler, Din´e yeni yaklasimlar, S. 158-159.

3. Ist Deutschland ein dar al-harb (Haus des Krieges)?

Unter der Überschrift *„**Worin bestehen die grundlegenden Merkmale der Scharia**"* schrieb der 1955 zum Jesuitenorden beigetretene christlicher Theologe Samir Khalil Samir den folgenden Satz: *„Theoretisch herrscht zwischen der islamischen Welt und der Welt des Unglaubens (dem sogenannten Haus des Krieges, Dar al-Harb)* ***ein beständiger Kriegszustand.***"[328]

Somit unterstellt der an der Universität Saint- Joseph in Beirut lehrende Lehrstuhlinhaber Prof. Samir, dass die islamische Welt zu allen nicht-islamischen Ländern eine **feindliche Einstellung signalisiere, gegebenenfalls auch mit dem Krieg drohe**.

Ursprünglich definierten und klassifizierten die Ulama´s (Gelehrten) im Laufe der ersten drei Jahrhunderte den Begriff „**dar al-harb**" als einen Zustand der Bedrohung und Vernichtung der Muslime durch Nicht-Muslime. Die Gelehrten rieten den Muslime davon ab, in die Länder der sogenannten „**dar al-harb**" „**Kriegsgebiete**" zu reisen und sich dort aufzuhalten. Denn diese Länder standen in offenkundiger Konfrontation mit Muslimen, die sie unter allen Umständen samt ihrer Religion vernichten wollten.[329] Obwohl dieser Begriff (dar al-harb) im 21. Jahrhundert unter den Muslimen nicht mehr relevant ist, wird er erstaunlicherweise besonders von christlichen Autoren und Verlagen weiterhin ins Bewusstsein aller gerufen. Die „**Christliche Mitte**" schreibt in ihrer Publikation folgendes dazu: *„Nach islamischer Staatstheorie ist die Welt geteilt in: „**dar al-islam**" (das islamische Territorium) und in das unbefriedete, dem Islam feindlich gesinnte Ausland, manchmal auch kurz als „**Kriegsgebiet**" bezeichnete „**dar al-harb**", in dem nicht entsprechend der islamischen Ordnung regiert wird und das Gesetz des Islam keine Gültigkeit besitzt.* ***Prinzipiell herrscht Kriegszustand****, es sei denn, der „**dar al-islam**" ist durch einen Vertrag oder ein Übereinkommen an den „**dar al-harb**" gebunden.*"[330] Es soll vor allem der Anschein erweckt werden, dass besonders die in der Diaspora lebenden Muslime eine feindliche Weltanschauung gegenüber der hiesigen der nichtmuslimischen Merheitsgesellschaft haben. Der jüdisch stämmige Gelehrte Bernard Lewis,

---

328 100 Fragen zum Islam, S. 70-71.
329 Johannes Mansur Damascenos und Martin Luther in: Gustav Mensching: Der offene Tempel. Stuttgart 1974.
330 Muslime erobern Deutschland, S. 66.

der bis 1986 Professor of Near Eastern Studies an der Princeton Universität tätig war, wies deutlich darauf hin, dass die zentralen Begriffe aus dem Mittelalter wie **„dar al-islam“** und **„dar al-harb“** nur im **historischen Kontext zu verorten seien**. In seinem erstmals 1964 veröffentlichten Werk „The Shaping oft he Modern Middle East“ schrieb Lewis: *„Für den* ***mittelalterlichen Muslim*** *war die Welt in zwei große Zonen geteilt, das* ***Haus des Islam*** *(dar al-islam) und das* ***Haus des Krieges*** *(dar al-harb).“*[331]

Anscheinend versuchen gewisse anti-islamische Gruppen und Autoren mit allen erdenklichen Mitteln, der nichtmuslimischen Merheitsgesellschaft zu zeigen, dass die Muslime von Natur aus aggressiv/ gewalttätig und kriegerisch seien.[332] Kurioserweise werden dafür mittelalterliche Begriffe (dar al-harb) instrumentalisiert, um eine alte Konfrontation, die sich im Mittelalter zwischen der christlichen und muslimischen Welt ereignete, auch heute wieder lebendig und aktuell erscheinen zu lassen. Zwischenzeitlich haben sich immer mehr muslimische Denker zu Wort gemeldet und folgendes versichert: *„Ich kann ihnen versichern, dass das unqur´anische, mittelalterliche Begriffspaar* ***„dar al-islam“*** *(Haus des Islam) und* ***„dar al-harb“*** *(Haus des Krieges) weder im Denken noch im Diskurs zeitgenössischer Muslime eine Rolle spielt. Es handelt sich dabei um Kategorien, an* ***denen Orientalisten festhalten, die keinen wirklichen Kontakt zur islamischen Lebenswirklichkeit haben***“ so der ehemalige Informationsdirektor der Nato, Dr. Murad Wilfried Hofmann.[333]

Im Mittelalter führten die islamischen Gelehrten untereinander umfangreiche Diskurse darüber, ab wann und unter welchen genauen Voraussetzungen ein Land zu **dar al-harb** (Haus des Krieges) klassifiziert wurden. Der im 12. Jahrhundert bedeutende Rechtsgelehrte **Al-Kasani (gest. 1191)** und Autor eines umfangreichen rechtswissenschaftlichen Werkes „Kitab bada i al-sana i fi tartib al-sara i“ beschäftigte sich eingehend mit dem Thema und fasste seine Gedanken prägnant wie folgt zusammen:

a) Wenn die Gesetze eines Landes islamisch sind, dann ist das Land islamisch. Wenn das Gegenteil herrscht, ist das Land nicht islamisch, und zwar auch dann nicht, wenn es sich islamisch bezeichnet.

b) **Wenn ein Muslim in einem nicht-islamischen Land lebt und dort Rechtssicherheit genießt und seinen Glauben frei bekennen kann, dann**

331 Bernard Lewis, der Atem Allahs, S. 46.
332 Siehe hierzu besonders: Achim Bühl, Islamfeindlichkeit in Deutschland, S. 37-81.
333 Den Islam verstehen, S. 270.

ist das Land, in dem er lebt, islamisch. Wenn er aber in einem Land lebt, in dem er von Rechtsunsicherheit bedroht ist und seinen Glauben nicht frei bekennen kann, so ist das betreffende Land islamfeindlich. Al-Kasani (gest. 1191) schlussfolgert deshalb:

"***Wo einem Muslim die Rechtssicherheit nicht versagt wird, handelt es sich nicht um ein Gebiet des dar al-harb /Haus des Krieges, im Gegenteil, es handelt sich hierbei um ein Land des dar al-islam***."[334]

Für den Schweizer Philosophen Prof. Tariq Ramadan ist es unangemessen und irrelevant, die Begriffe „**dar al-islam**"(Haus des Islam) und „**dar al-harb**" (Haus des Krieges) im Kontext des 21. Jahrhundert zu benutzen. Da sie eine Klassifizierung beinhaltet, die den heutigen Anforderungen der dynamisch komplexen und wechselseitigen Beziehungen der modernen Staaten nicht mit berücksichtigt. Ramadan resümiert deshalb in seinem Buch „**Muslimsein in Europa**" ausgiebig zu diesem Thema folgendes:

*„Diese Begriffe (dar al-islam/ dar al-harb) unreflektiert, d.h. wie sie vor mehr als zehn Jahrhunderten von den großen „Ulama" entwickelt wurden, auf unsere gegenwärtige Realität anzuwenden, **wäre ein methodologischer Fehler**. In der heutigen Welt, in der die Menschen in dauernder Bewegung sind und in der wir einen Prozess stetig wachsender Komplexität in den Bereichen der ökonomischen, finanziellen und politischen Macht wie auch eine Diversifizierung der strategischen Bündnisse und Einflusszonen erleben, ist es unmöglich, **an einer alten, einfachen und binären Sicht der Wirklichkeit festzuhalten**. Eine solche Sichtweise ist vollkommen unangemessen. **Sie würde zu einer vereinfachenden und irrigen Wahrnehmung unserer Epoche führen!***"[335]

Auch wenn renommierte christliche Theologen wie Prof. Christian Troll weiterhin unermüdlich publizieren, dass der Begriff „**dar- al-harb**" immer noch von Bedeutung für die hiesigen Muslime sei, so muss dies wie oben dargelegt worden ist, vehement zurückgewiesen werden![336]

Im Angesicht der jetzt existierenden internationalen Beziehungen und der gesellschaftlichen Bedingungen, kann unter keinen Umständen die Rede mehr von einem „**dar al-harb**" sein. Wer trotzdem weiterhin so denken

334 Islam Ansiklopedisi, Bd. 6, S. 374/Shaik Muhammad Abu Zahra: Begriff des Krieges im Islam, hrsg. Obersten Rat für Islamische Angelegenheiten, Kairo 1952, zitiert aus Muhammad Salim Abdullah, Islam, S. 146-147.
335 Muslimsein in Europa, S. 158-159.
336 Den Islam verstehen, S. 270.

möchte, der hat ganz bestimmt **die progressiven Entwicklungen der letzten Jahrhunderte verpasst**. „*Gott verbietet euch nicht, gegen jene, die euch nicht des Glaubens wegen bekämpft haben und euch nicht aus euren Häusern vertrieben haben,* ***gütig zu sein und redlich mit ihnen zu verfahren****; wahrlich, Gott liebt die Gerechten*“ (Koran 60:8).

4. Feindbild Islam?

Muslime stellen immer wieder unwillkürlich fest, dass nach dem 11. September „alles anders sei“ als zuvor. Auch suggerieren Islamkritiker, dass Muslime allein schon durch ihre Anwesenheit, einen Fremdkörper in Deutschland bilden. Sie wären allein von ihrem Glauben her, nicht in die Mehrheitsgesellschaft integrierbar.[337]

In der weltweit größten Studie von Gallup wurden sechs Jahre lang in über 35 muslimischen Ländern zehntausende Muslime interviewt. Das Ergebnis dieser Studie ist, dass die absolute Mehrheit der Befragten zu Antwort gaben, dass der 11. September die Beziehung der Mehrheitsgesellschaft zu ihnen maßgeblich negativ beeinflusst hat.[338] Erstaunlicherweise lässt sich auch bei einigen renommierten Journalisten beobachten, dass ihre Grundeinstellung und Beziehung zum Islam nach den Terroranschlägen an das World Trade Center nachhaltig verschlechtert hat. Der deutsche Schriftsteller und Muslim Murad Wilfried Hofmann beobachtet dieses Phänomen seit geraumer Zeit folgendermaßen: *„Typisch dafür ist auch der Wandel des Islamwissenschaftlers der Frankfurter Allgemeinen Zeitung, Wolfgang Günter Lerch, von einem einsichtigen Beobachter der islamischen Welt zu einem panischen Warner vor dem Islam. In seiner* ***„schroffen Abwehr gegenüber dem Westen*** *“* ***habe der Islam „einen transnationalen Terrorismus geboren.*** *“ Obwohl alle Kulturen gleichermaßen vom verwestlichenden Globalismus betroffen seien, blase nur der Islam zum* ***„Aufstand gegen den Westen.*** *“*[339] Für Hofmann kann dieser Gesinnungswechsel von Wolfgang Günter Lerch nicht allein auf den 11. September zurückgeführt werden. Ausschlaggebend sei die Sichtbarkeit der Religion in allen Gesellschaftsebenen: *„Macht er (Islam) sich nicht im Internet breit? Ist er im Westen nicht die einzige wachsende Religion? Ist es nicht so, dass bei uns nur noch Moscheen, aber keine Kirchen mehr gebaut werden?.“*[340] Der Theologe Hans Küng ist sogar der Ansicht, dass viele Zerrbilder künstlich durch die Medien verbreitet werden. Das erklärte Feindbild „**Islam**“ wird nach Küng unermüdlich von christlichen Fundamentalisten weltweit verbreitet. So beschreibt er: *„Populistische Medien und Medienvertreter sind*

337 Raddatz, Allahs Frauen, S. 173-188.
338 „Was Muslime wirklich denken“, John Esposito, Dalia Mogahed, S. 149-180.
339 FAZ-Leitartikel, Lerch „Ohnmächtig und leistungsarm“ vom 21.12.2002.
340 Murad Wilfried Hofmann, Islam im Dialog 2002, S. 45-57.

mitverantwortlich für die Beständigkeit von Feindbildern. Und wenn für manche frommen Christen lange Zeit das Judentum und dann der Kommunismus Feind Nr. 1 war, **so ist dies für viele Christen und Juden heute der Islam**. *Gibt es doch Menschen, die ohne Feindbild gar nicht leben können.*"[341] Ist die gegenwärtige Islamfeindlichkeit hauptsächlich nur ein Produkt vom 11. September? Oder gibt es tatsächlich andere Bewegungsgründe dafür? Für den Soziologie Professor und Autor der Studie „Islamfeindlichkeit in Deutschland" geht die Islamfeindlichkeit auf historische Begebenheiten zurück. So war es die mittelalterliche Christenheit, die den Islam bewusst zum Feindbild stigmatisiert hatte, dessen Auswüchse heute noch explizit zu beobachten sind. In der etwa dreihundert seitigen Studie, kommt Bühl zu folgender Schlussfolgerung: *„Zwar mag es sein, dass der 11. September partiell eine katalysatorische Wirkung gehabt hat; die Feindbildstereotypien, deren sich die aktuelle Debatte bedient*, **sind indes schon über 1.000 Jahre alt** *[...] [...]die Gestaltung Europas und seine Formung als „christliches Abendland" bilden den historischen Ursprung der Feindlichkeit gegenüber den Muslimen. Die Gründungsurkunde Europas ist eine* ***antijüdische*** *wie* ***antiislamische****, da sowohl das Judentum wie der Islam als* ***„Fremdkörper"*** *ausgegrenzt und als nicht zu Europa gehörig definiert werden. Antisemitismus und Islamfeindlichkeit sind die konstruktiven Elemente des Europa-Bildes, der Formierung einer geopolitischen Einheit.*[342]

Offenbar ersetzt der Islam nach dem Wegfall des Weltkommunismus die Hauptrolle ein weiteres Mal als Feindbild und stiftet ungeachtet dadurch den Kulturchauvinismus in Europa.[343] Es ist tatsächlich bemerkenswert, dass unter den Weltreligionen nur der Islam als eine Bedrohung wahrgenommen wird. Der Hinduismus und der Buddhismus werden immer hin als eine exotische Erscheinungsform im Westen betrachtet. Und dies möglicherweise aus folgenden vier Gründen:

1. Der Islam ist wie das Christentum auch, historisch aus den gleichen geografischen Räumen gewachsen (Nahen Osten).

2. Der Islam beansprucht wie das Christentum, die letzte

Offenbarung Gottes zu sein.

3. Beide Weltreligionen verkünden den Monotheismus.

---

341 Der Islam, Hans Küng, S. 32.
342 Achim Bühl, Islamfeindlichkeit in Deutschland, S. 92, 2010.
343 Peter Heine, Konflikt der Kulturen, S. 67-89.

4. Beide erheben den Anspruch, universalistisch zu sein.

Die Nestorin der deutschen Islamwissenschaft und Friedenspreisträgerin des deutschen Buchhandels von 1995 Prof. Annemarie Schimmel, beschrieb prägnant die gegenwärtige Beziehung zum Islam folgendermaßen zusammen: „*Unter allen Religionen und Kulturen ist der Islam diejenige, die im Abendland am wenigsten verstanden und am meisten gefürchtet wird.* ***Es scheint für viele leichter zu sein, sich der bunten Vielfalt des Hinduismus, der unserer Denkweise so fremden Psychologie des Buddhismus oder dem streng dualen Zoroastrismus zu nähern als jener monotheistischen Religion****, die schon dadurch für den abendländischen Christen zum Stein des Anstoßes geworden ist, dass sie nach dem Christentum auftrat und den Anspruch stellte, die ihr vorausgegangenen Religionen zu vollenden und zu krönen.*“[344]

Der Direktor der Harvard Universität für „Zentrum für das Studium der Weltreligionen“ Wilfred Cantwell Smith gestand sogar ein, dass die Berichterstattung zum Islam nicht vorbehaltslos hinnehmbar sei: „ *Man wird erkennen, dass Betrachtungen eines Außenstehenden in diesem Bereich ein Wagnis sind. Die Abstraktion wird notwendigerweise* ***einseitig*** *und inadäquat,* ***wenn nicht geradezu verzerrt sein***.“[345]

Hans Küng hat in einem beeindruckenden Werk „Spurensuche“ ausführlich dargestellt, welche Ansätze notwendig sind, um den Weltfrieden zu stabilisieren:

1. Kein Frieden unter den Nationen ohne Frieden unter den Religionen.

2. Kein Frieden unter den Religionen ohne Dialog zwischen

den Religionen.

3. Kein Dialog zwischen den Religionen ohne globale

ethische Maßstäbe.

4. Kein Überleben unseres Globus ohne ein globales Ethos,

ein Weltethos.[346]

In keiner der sogenannten heiligen Schriften ist das Verhältnis der Religionen zueinander treffender beschrieben worden als in al-Maida: 48: „*Jedem von*

344 Vorwort zu „Der Islam und die Bestimmung des Menschen, S. 7.
345 Der Islam in der Gegenwart 1963, S. 18.
346 Hans Küng, Spurensuche 1999, S. 9.

euch gaben Wir ein Gesetz und einen Weg. Wenn Gott gewollt hätte, hätte Er aus euch eine einzige Gemeinde gemacht. Doch Er will euch in dem prüfen, was Er euch gegeben hat. ***Wetteifert darum im Guten****. Zu Gott ist eure Heimkehr allzumal, und Er wird euch dann darüber aufklären worüber ihr uneins seid*".

„***Gott liebt diejenigen, die gute Werke auf die schönste Art vollenden***" (Koran: 2:195).

Das ist das Manifest des religiösen Pluralismus als Grundlage eines Weltfriedens. Sollen sie doch im Guten miteinander wetteifern, während sie an dem festhalten, was sie für richtig halten.

Sagt Gott im Koran doch auch:

„***Worüber ihr auch immer uneins seid, das Urteil darüber ruht bei Gott***" (Koran 42:10).

Printed by Books on Demand GmbH, Norderstedt / Germany